Antonio Mira de Amescua

Cautela contra cautela

Edición de Vern Williamson

Barcelona **2024**
Linkgua-ediciones.com

Créditos

Título original: Cautela contra cautela.

© 2024, Red ediciones S.L.

e-mail: info@linkgua.com

Diseño de cubierta: Michel Mallard.

ISBN tapa dura: 978-84-1126-208-8.
ISBN rústica: 978-84-9816-074-1.
ISBN ebook: 978-84-9897-140-8.

Sumario

Brevísima presentación

La vida
Antonio Mira de Amescua (Guadix, Granada, c. 1574-1644). España.
De familia noble, estudió teología en Guadix y Granada, mezclando su sacerdocio con su dedicación a la literatura. Estuvo en Nápoles al servicio del conde de Lemos y luego vivió en Madrid, donde participó en justas poéticas y fiestas cortesanas.

Personajes

Alfonso, rey de Nápoles
Capitán de la guarda
Celio, escudero
César, galán
Chirimía, su criado
Elena, dama
Enrique de Ávalos
Isabel, criada
Julio, su criado
Ludovico, galán
Porcia, dama
Príncipe de Salerno
Príncipe de Taranto
Un Criado

Jornada primera

(Sale Chirimía, de noche.)

Chirimía   Ya el cielo como un pavón
ostenta sus luces bellas
con las lucientes estrellas
que sus ojos de Argos son.
   Ya el cielo está como un huevo,
estrellado. El mundo está
vestido de negro ya.
Salga vueselencia.

(Salen Enrique y Julio.)

Enrique   Debo
   recatarme, cosa es clara
cuando en Nápoles estoy
y Enrique de Ávalos soy,
Marqués del Basto y Pescara.
   Don Alonso de Aragón,
Rey de Nápoles, confía
de la diligencia mía
con una inmensa afición
   este reino, y un privado,
ministro por varios modos,
ha de dar ejemplo a todos.
¿Qué mucho que recatado
   salgo yo por la ciudad
de noche a vanos errores?
Si aunque son castos amores,
mostrarlos es liviandad.

Chirimía   Disculpado está conmigo.

Tu privado soy y rondo
en público, no me escondo.

Julio

¿No fuera bien que un amigo
de los dos que quieres tanto
te acompañara?

Chirimía

Ellos son
amigos con intención.
Usase; así no me espanto.

Enrique

Don César y Ludovico
en mi amistad se declaran
y los dos me acompañaran
mas mi amor no les explico.

Chirimía

¡Si tú privado no fueras,
fueras amigo precioso;
que no sabe el poderoso
cuál es su amigo de veras.
¿Qué amistad hay verdadera?

Julio

¿Cuál de éstos que te han seguido
como sombras, habrá sido
más leal?

Enrique

Si eso supiera
fuera soberana ley
y en mucho más lo estimara
que ser Marqués de Pescara
ni aun ser privado del Rey.
Yo pienso que ambos lo son
muy de veras.

Julio	Certifico
	que pienso que Ludovico
	ha hecho demostración
	de amigo más verdadero.
	Lenguas se hace en alabarte.

Chirimía   ¡Qué poco sabes el arte
de un amigo lisonjero!
   Si de eso te satisfaces,
en él la amistad se acaba.
Siempre Ludovico alaba
lo que dices, lo que haces,
   lo que comes, lo que bebes,
lo que escupes, lo que vistes,
lo que calzas y son chistes
motes y sentencias breves
   cuanto arrojas por los labios,
aunque necedades sean.
Amigos que lisonjean
ni son seguros ni sabios.
   Mudo y con ojos serenos
a César siempre verás.
Sin duda te quiere más
pues es quien te alaba menos.

(Salen don César y Ludovico.)

César   Don Enrique, mi señor,
¿solo y a la sombra muda
vais de la noche? ¿Quién duda
que son milagros de amor?

Chirimía   No va solo, pues que vamos
dos con él.

César	¡Oh, Chirimía,
	ésta tu amor me debía.
	Págame y en paz estamos.
Enrique	Confesando la verdad
	a lo que César sospecha,
	porque es religión estrecha
	la que impone el amistad
	o estando que Amor ha sido
	la causa que así me lleva
	tan peregrina y tan nueva
	que nunca la habréis oído
	en fábulas o en historias.
César	¿Amas alguna pintura
	o estatua?
Enrique	De esa locura
	ya en las humanas memorias
	hay noticia. Amor, que es dios,
	ostenta así su deidad.
Ludovico	¿En qué está la novedad?
Enrique	¿No es bien nuevo amar a dos?
Chirimía	No, señor, ni amar a mil
	porque tú tienes criado
	que en un mismo tiempo ha amado
	un salchichón, un pernil,
	una bota de hipocrás,
	dos de Candia, cuatro griegas,
	treinta fregones gallegas

y trescientas cosas más;
  que es socorro y estribillo
de poetas de repente.

Enrique   Calla, loco impertinente.

Chirimía   Si pudiere conseguillo,
                         dalo, señor, por callado.

Enrique   Digo, pues, que dividido
en dos partes he tenido
este amoroso cuidado.
  Porcia pobre y rica Elena
me dan tan igual la gloria
que suspenden la memoria
y hacen dudosa la pena.
  En Elena y Porcia unida,
Amor, con gloriosa palma,
tiene en dos cuerpos un alma,
en dos almas una vida,
  en dos vidas una suerte,
una beldad en dos mayos,
un resplandor en dos rayos,
en dos rayos una muerte.
  Dos bellezas, un objeto,
formaron un mismo ser
aunque no es milagro ver
dos causas con un efeto.
  Condesas son, en belleza
competidores de Apolo:
Porcia en el título solo,
Elena en nombre y riqueza.
  Siento entre Porcia y Elena
dividida la memoria:

con el favor una gloria,
con el desdén una pena.
   Cada cual en mi deseo
imprime ley rigurosa,
y aunque hermosas, más hermosa
pienso que es la que antes veo
   de modo que indiferente
en pasión tan inhumana
tengo por más soberana
aquélla que está presente.
   Y si acaso Amor dispuso
que estén juntas, mis sentidos
andan ciegos y perdidos
en laberinto confuso.
   El afecto mismo se ata.
No hay aliento que se atreva:
Elena el alma me lleva,
Porcia el alma me arrebata.
   Y como el Amor es dios,
prueba a hacer con este efeto
de las dos solo un sujeto
o dividirme a mí en dos;
   mas como poder no halle
para hacer uno de tres,
forma un caos que no sé qué es
ni qué nombre pueda dalle.

Ludovico   Divinamente ha pintado
sus afectos vueselencia.
¡Qué donaire, qué elocuencia!

Chirimía   ¡Qué bellacón, qué taimado!
   Claro está que habrá de ser
pintado divinamente.

Ludovico	Amor que está diferente
	del uso y del proceder
	común, solo merecía
	nacer bello y prodigioso
	de ese pecho generoso,
	de esa española osadía...
César	Antes, si me da licencia
	en esto vuestro favor,
	yo digo que no es amor
	el que tiene vueselencia.
Ludovico	¿Qué ha de ser?
César	Inclinación
	a dos mujeres tan vellas,
	nacidas de las estrellas
	o de la propia elección,
	halló méritos iguales
	en discreción y beldad
	e incitó la voluntad
	los afectos naturales,
	con que se sintió agradado
	de ambos con indiferencia
	y con esto vueselencia
	no es amante, es inclinado.
Ludovico	¿Cómo puede errar, pregunto,
	entendimiento tan grave?
	El Marqués, siendo quien sabe
	más que todos y en un punto
	con el ingenio pelea,
	sutil, más filosofía

que Aristóteles sabía.
Él sabe lo que desea.
    Errar no puede el Marqués.
Amor llamó a su cuidado,
y pues Amor le ha llamado,
no es otra cosa. Amor es.

Chirimía (Aparte.)   (Acabóse. Errar no puede.
Un ángel tengo por amo.)

Enrique   Si bien o si mal lo llamo,
para otro lugar se quede.
    Bien sé que habrá de parar
este afecto indiferente
en una, y que solamente
un objeto habré de amar,
    y sé que aquésta ha de ser
la que me ama más de veras;
que no hay partes lisonjeras
que obliguen más a querer
    que amor y correspondencia.
A las dos tengo de hablar
y las habéis de escuchar
con atenta diligencia
    para ver si conocéis
cuál tiene amor verdadero.
Y en estas dudas espero
que desengaños me deis.

Ludovico   Fuerza es que ambas quieran bien
conociendo tu valor.

César   Es investigable Amor.
Vendados ojos no ven.

Enrique	Ya a los balcones de Elena llegamos y ella me aguarda.
Ludovico	¡Qué discreta y qué gallarda saldrá a escuchar la sirena de tu boca! Si es servido, vueselencia, los criados pueden quedar retirados. Haremos menos ruido.
Enrique	Idos, pues.
Chirimía	Si ésta que saca mi valor no está a tu lado, te falta...
Enrique	¿Qué habrá faltado
Chirimía	Una espada muy bellaca.

(Vanse Chirimía y Julio.)

César (Aparte.)	(Porcia ilustre, a quien desea en vano el alma dichosa, Porcia, como necia hermosa, Porcia, sabia como fea, salid, salid de mi pecho. El marqués del Basto os ama. No caben amigo y dama en corazón tan estrecho. Refrénese en vos mi amor ya que hasta aquí por mi bien ni me ha turbado el desdén

ni me ha alentado el favor.)

(Sale Elena a la ventana.)

Enrique   ¿Es Elena?

Elena   ¿Es el Marqués?

Enrique   Sí soy, y el ser que he tenido
                            soplo de tu boca ha sido,
                            sombra de tus rayos es.
                                En tu beldad divertida
                            sin vida el alma llegó.
                            Preguntaste si era yo
                            y tu voz me dio la vida.

Elena   Luego si en ausencia mía
                            muerto como dices eres,
                            tu misma vida no quieres
                            pues no me ves cada día.

Ludovico   Agudamente arguyó.

Enrique   Dijeras bien de esa suerte
                            si el ver o dejar de verte
                            consistiera en mí, pues yo
                                con alma atenta y unida
                            a tu presencia dichosa
                            ver no quisiera otra cosa
                            por tener eterna vida;
                                pero la merced del Rey
                            a ser mi desdicha viene
                            pues sin vida me detiene
                            por obligación y ley,

18

en tu ausencia y en tu gloria,
pero yo, aunque no te veo,
Argos hago del deseo,
ojos hago a la memoria.

Elena   Tú, divertido y llevado
de esa causa superior,
no dejaras al amor
un átomo de cuidado,
    porque es dulzura el privar
que a todo deleite pasa;
pero yo, sola en mi casa,
¿qué he de hacer sino llorar?

Enrique   ¿Qué sientes de esta razón,
Ludovico?

Ludovico   Que es felice,
que ama de veras y dice
afectos del corazón.

Elena   Enrique, Amor verifica
su fuerza en mí, poderosa,
tanto que estoy envidiosa
del Rey porque comunica
    siempre tu ingenio y entiendo
que éste desearte ver
es afición de saber
pues solo oyéndote aprendo
    y de mi amor desconfío
con un escrúpulo, y es
que tiene más de interés
que de amor este amor mío.
    Pero examen no requiere;

sea amor o interés sea,
siempre el alma te desea
séase lo que quisiere.

Enrique   ¿Qué sientes de esto también?

César   Siento que no tiene amor.

Enrique   ¿En qué fundas ese error?

César   En que lo dice muy bien.
                    Más tiene de vizcaíno
               el amor que de elocuente.

Ludovico   Amor infunde en la gente
               un espíritu divino.

Enrique   A tanto encarecimiento
               más que amante agradecido
               vendré a ser desvanecido;
               que humano agradecimiento
                 no es capaz de tal favor,
               mi Porcia... digo mi Elena.

Elena   Otro cuidado, otra pena
               mostrasteis en ese error.
                 Marqués, en los hombres sabios
               tal error verdad contiene,
               porque el corazón se viene
               muchas veces a los labios.
                 ¡En vuestra boca otro nombre!
               ¡En vuestro pecho otro amor!
               La memoria hizo ese error;
               mas, ¿qué mucho si sois hombre?

Idos, Marqués, norabuena.
Vuestra misma lengua os ama.
No usurpéis a vuestra dama
las horas que dais a Elena.
    Vuestra boca por mi daño
es leal. Traidora ha sido.
Ella el amor me ha fingido.
Ella me dio el desengaño.
    Escuchad mis voces, cielos.
Rompan el viento deshechas.
Verdades son, no sospechas.
Injurias son, no son celos.

Enrique   Óyeme.

Elena   No quiero oír.

Enrique   ¿Por qué con tan sinrazón
                   no quieres satisfacción?

Elena   Porque me voy a dormir.

(Vase Elena.)

Enrique   Óyeme, aguarda. No quieras
                   mi muerte, hermosa mujer.
                   ¿Echaste, César, de ver
                   qué quiere Elena de veras?

César   Que lo finge he de juzgar.

Enrique   La razón y causa espero.

César   Porque el amor verdadero

jamás se supo quejar.
   Celos te quiso ostentar
porque muestras de amor son
y a una ligera Ocasión
cogió el copete.

Ludovico
        Si amar
  no es aquello, nadie amó.
Mas, ¡con qué linda advertencia,
por picarla vueselencia,
con Porcia se equivocó!

Enrique
    No fue cuidado, fue error
de la lengua y la memoria.

Ludovico
Prosigamos esta historia.
Averígüese este amor.
   Vamos cas de Porcia.

Enrique
         Allí
lo mismo ha de suceder.
Cuidado tiene de ser
lo que fue descuido aquí.
   Por ver si lo lleva mal,
su nombre he de errar también.

César
Vueselencia mire bien
que demás de ser trivial
  y común este picón,
confundiéndole los nombres
su amor revela y los hombres
que amantes próvidos son,
   deben guardar más secreto.

Enrique	Habiendo Porcias y Elenas
	más que lirios y azucenas
	en márgenes del Sebeto,
	ningún secreto revelo.
	Pienso que Porcia me espera.
	En tocando en esta esfera
	saldrán rayos de su cielo.

(Llama y sale Porcia a la ventana.)

Porcia	¿Quién llama?
Ludovico	Puntual ha sido.
César	Debe de tener amor.
Ludovico	Que es pobre dirás mejor
	y querrá un rico marido.
Enrique	Porcia pregunta quién llama.
	¿Quién puede llamar al Sol
	sino un dichoso español
	que tesoros de luz ama?
	¿Quién al balcón del oriente
	puede despertar la aurora
	sino un dichoso que adora
	los jazmines de ese frente,
	las rosas de esas mejillas,
	la púrpura de esos labios?
Porcia	No me hagáis tales agravios.
	Con palabras más sencillas
	se explica amor verdadero.
	Vano desengaño alcanza

pues no tengo otra esperanza
sino que de veras muero.
    Alabadme de constante
y no me alabéis de hermosa
que es lisonja sospechosa.

Enrique   Todo lo tiene el diamante.
                    Por ambas cosas se estima.

Porcia   ¿Cómo estáis, mi señor?

Enrique   Bueno,
                y de inmensas glorias lleno
                después que esa luz me anima.

César   Aquella pregunta fue
                muestra de amor poderosa.

Ludovico   Pienso que es falta de prosa.

César   Pienso que es sobra de fe.

Porcia   La prolijidad del día
                siempre me está fatigando,
                porque vivo deseando
                sombras de la noche fría
                   y en perpetua esclavitud
                tengo el vivir indeciso,
                y aunque siempre tengo aviso,
                Marqués, de vuestra salud
                   como es salud que me toca,
                hasta veros no me quieto
                y a quien ama es bien perfeto
                saberlo de vuestra boca.

24

Enrique	¿Qué te parece?
Ludovico	Señor, diré lo que el alma siente. Habla muy caseramente. Pienso que es tibio su amor..
Porcia	Marqués, los muchos negocios siento que podrán cansaros. ¡Oh, si yo pudiera daros mi soledad y mis ocios, y mi amor daros quisiera, pues con él y sin cuidado viviérades descuidado y yo querida recibiera, si bien sus efectos obra Amor, y los agradezco; que para lo que merezco cualquier amor vuestro sobra.
Enrique	¿Qué dices?
César	Que ama de veras.
Ludovico	Más quisiera alguna joya.
Enrique	Esperad, que aquí fue Troya. Si con ese gusto esperas la noche quien solo vive este rato, este momento, inmenso será el contento con que tus glorias recibe. Más hermosura veré

que en el Sol y las estrellas,
pues tu hermosa luz entre ellas,
bella Casandra, saldrá...
　　Porcia digo. Porcia mía.

Porcia

Con razón la llamáis vuestra,
pues más átomos no muestra
el Sol que es padre del día.
　　Que Porcia ausente de vos
da suspiros con cuidado.

Enrique

　En ello no ha reparado
o no lo siente, ¡por Dios!
　　Mi Casandra, esos suspiros
vanos son que el alma os doy.

Porcia

Ya que Casandra no soy,
podré, mi Enrique, deciros
　　que ninguna más que yo
sabrá amaros con desvelos.

Enrique

　¡Eso me decís sin celos!

Porcia

¿Qué honesto amor sospechó
　　que errar el nombre es amar
en otra parte?

Enrique

　　　　　¿Es así?

Porcia

Amaros me toca a mí;
no me toca averiguar
　　si soy amada de vos
porque el hombre agradecido
amando ha correspondido

a semejanza de Dios
con amor puro y honesto.
Sentirme mi padre puede;
la conversación se quede
para otras noches en esto.

Enrique   ¿Sin celos, tenéis recelos?

Porcia   Adiós, Marqués y señor.
(Aparte.)   (Disimulemos, Amor.
                                 Abrasada voy en celos.)

(Vase Porcia.)

Enrique   Fuése con lindo semblante.

César   El irse fue sentimiento,
                                 la blandura rendimiento.

Ludovico   No se quejó, no es amante.

Enrique   He de decir la verdad.
                                 El amor de Elena creo;
                                 que en Porcia afectos no veo
                                 nacidos de voluntad.
                                    Mi dueño Elena ha de ser
                                 y aunque más el alma inclino
                                 a Porcia, que es Sol divino,
                                 la elección ha de vencer.

Ludovico   Gente siento y no es decencia
                                 que conozcan al Marqués.

Enrique   Sí, mas sepamos quién es.

César

Váyase, pues, vueselencia
  a palacio, que es ya tarde
y quedaremos los dos.

Enrique

Bien dices, César, adiós.

Ludovico

A vueselencia nos guarde
  el mismo.

(Vase Enrique. Salen Chirimía y Julio embozados.)

Chirimía

El Marqués se fue.
Fíngete, Julio, valiente.

César

¿Qué gente? ¿Quién va? ¿Qué gente?

Chirimía

Dos hombres son. ¿No los ve?

Ludovico

Queremos reconocellos.
Ya vemos que son dos hombres.
Dígannos luego los nombres.

Chirimía

Dígannos los suyos ellos
  y no pasen adelante
que está esta calle ocupada.

Ludovico

Hará lugar esta espada.

Chirimía

Si quisiere este montante.
  Julio, pues te toca aquél,
mátale con osadía
mientras mata Chirimía
éste que le toca a él.

28

Ludovico	Chirimía y Julio son.
Chirimía	Y con mucha honra.
Ludovico	¿Qué hacéis?
Chirimía	Estorban que no paséis porque están en posesión de esta calle tres supremos señores a quien aguardamos.
César	¿No nos conocéis?
Chirimía	Estamos muy coléricos. No vemos.
Ludovico	A César y a Ludovico ¿no conoces. Chirimía?
Chirimía	Era para esotro día. ¡Vive Dios, que es un borrico si no hablan!
Ludovico	Loco estás si no hablaran, ¿qué sería?
Chirimía	A manos de Chirimía muertos por siempre jamás.

(Vanse los cuatro y salen dos hombres dando memoriales al Rey.)

Hombre I	Suplico a tu majestad que mire aqueste papel.

29

Hombre II	Y este memorial, señor.
Rey	Bien está. Yo lo veré. Despejad.

(Vanse los hombres y sale Enrique.)

Enrique	Dame tu mano.
Rey	¿Qué es esto, amigo Marqués? Diez horas estáis sin verme.
Enrique	Mil son para mí, no diez.
Rey	Entre el amor y amistad una diferencia hallé; que el amor puede ser malo, no la amistad.
Enrique	Así es.
Rey	Pues, si el amor no consiente breve ausencia sin temer, la amistad que es una especie más pura de amor, ¿por qué ha de permitir ausencias?
Enrique	Esos nombres no le des, señor, a mi esclavitud. Obligado a la merced que por quien eres me haces, que la amistad ha de ser entre iguales y si amor

iguala y une tal vez
dos extremos, dos distancias
tiene valor y poder
del cielo como la muerte,
y en este caso no fue
amistad sino amor.

Rey   Luego,
cuando las almas en quien
hay oculta simpatía
se miran corresponder
con amor, ¿no son iguales?
Falso es, Enrique, y un rey
en la sangre y el oficio
puede distar y tener
diferencia con los hombres;
mas los ánimos, ¿no ves
que, influyéndoles los astros,
pueden ser iguales? Bien
esta doctrina se muestra
en nuestro ejemplo, porque es
amistad la nuestra, Enrique.

Enrique   Beso mil veces tus pies.

Rey   Ve leyendo memoriales
y tu cuerdo proceder
los consulte y los resuelva.

(Lee Enrique.)

Enrique   «Fabio Rufo, coronel
a tu majestad, suplica
que algún castillo le dé

donde puedan descansar
sus servicios y vejez.»
El coronel lo merece.

Rey   Doyle el de Taranto, pues.

Enrique   Éste dice así: «Señor,
otro aviso te dio ayer
quien éste escribe a tu alteza.
Mira, Alfonso aragonés,
que se conjuran y tratan
de quitarte el reino tres
príncipes, vasallos tuyos,
y el que escribe este papel
no osa declararte más».

Rey   Ya me han dado cinco o seis
memoriales de este aviso,
pero como yo no sé
quién son estos conjurados,
no hallo modo de entender
la verdad de este suceso.

Enrique   ¡Grave caso!

Rey   Pienso en él
y dudo por dos razones:
la primera porque aquél
que estos papeles me escribe
no me ha procurado ver
ni su nombre firma en ellos;
la segunda porque un rey
que al peso de su justicia
nunca ha torcido el fiel,

que gobierna el reino en paz
dando igualdad a la ley
con todos, ¿por qué razón
aborrecido ha de ser
de sus vasallos y amigos?

Enrique   Yo, señor, responderé:
yendo César al senado
cuando ya el hado cruel
de Fortuna destinaba
para ponerle a los pies
de la estatua de Pompeyo,
le dio un amigo fiel
otro aviso como aquéste,
y él, al trágico vaivén
de Fortuna destinado,
nunca lo quiso creer
y aquella alma generosa
por menos de dos o tres
heridas salir no pudo.
En duda se han de tener
los sucesos que venidos
se remedian más después.
Su nombre no declaró
quien te avisa, puede ser
que no se atreva o que sea
de los conjurados él
por amistad o violencia.
Y así para no romper
la ley de su juramento
ni ser vasallo infiel
de esta manera te avisa.
Ni es de importancia que estés
administrando justicia

y haciendo a todos merced
para pensar que no puedas
tener en tu reino quien
te aborrezca y se te oponga.
Si una nubecilla, que es
vapor de la misma tierra,
al Sol se opone tal vez
y nos oscurece un rato
sus rayos de rosicler,
la virtud y la grandeza
son objetos contra quien
arma venenos la envidia.
Claro está que has de tener
enemigos de este reino,
del mundo hermoso vergel,
quiere rey napolitano
y le tiene aragonés.
Heredástele, viniste
con armas a defender
tu justicia. No te espantes
si le falta amor y fe.

Rey   ¿Cómo sabré yo quién son?

Enrique   Yo pienso que la merced
que en este reino me haces
y el ser yo español también
han de ser impedimento
para saberlo.

Rey   ¿Por qué?

Enrique   ¿Quién duda que recatados
más que ningunos estén

	de mí porque soy hechura
	y un rasgo de tu poder?
Rey	La necesidad da fuerzas
	al ingenio.
Enrique	Parecer
	fue de Homero.
Rey	En mí lo he visto.
	Una cautela pensé
	con que tú puedas saberlo.
	Y acuérdome que una vez
	me dijiste que felice
	solo ha de llamarse aquél
	que supiere cuatro cosas:
	qué amigo le quiere bien,
	qué dama le corresponde,
	qué criado le es fiel,
	qué enemigo le persigue.
Enrique	Bien te acuerdas.
Rey	Oye, pues.
	Con la cautela que digo
	la vida aseguraré
	conociendo mis opuestos
	y de camino también
	podrás hacer experiencia
	de estas cuatro cosas.
Enrique	¿Qué es?
Rey	Yo he de fingir que no estás

en mi gracia y he de hacer
que piensen que te aborrezco,
y este enojo mostraré
de manera que enemigo
me juzguen tuyo, porque
viéndote pobre, agraviado
luego se querrán valer
de tu generoso pecho
contra mí, como de quien
mis secretos sabe, y tiene
ánimo para emprender
grandes cosas. Y si acaso
los que aborrecen mi bien
no te buscaren, podrás
llamándome a mí cruel,
riguroso, injusto, ingrato,
fingir que pretendes ser
cabeza de conspirados
contra mi reino porque es
verosímil que conozcas
con mañoso proceder
los ánimos mal afectos.
Vendrás me de noche a ver
por ese jardín secreto,
y de tu boca sabré
lo que pasa y lo que debo
remediar o disponer.
Seré tu amigo de noche
y aunque siempre lo seré,
engañaremos de día
el humano parecer.
Con esta cautela, Enrique,
que en la política ley
es provechosa y es justa,

asegurarme podré
en este reino. Sabrás
qué enemigos tengo, quién
se conjura contra mí,
quién mi favor y merced
merece, y quién mi castigo.
Yo también saber podré
quién te quiere mal; que es fuerza
si en mi desgracia te ven,
que te acusen y murmuren
y tú tocarás también
con tus manos y experiencia
qué dama te quiere bien,
qué amigos te son leales,
qué criado te es fiel,
pues la desdicha aparente
toque y crisol ha de ser
donde muerte la experiencia
los quilates y la fe
del amor y la amistad.

Enrique   Ponga la Fama el laurel
que dio al ingenio de Ulises
en tu frente, pues que ve
industrias más eminentes
y más heroico saber.
Pero, señor, si de un trueno
que un amago y señal es
de los rayos ira breve,
de un elemento se ve
estremecerse los polos,
tronchar un alto ciprés
su pirámide, y temblar
en las aguas un bajel,

¿cómo podrá tener vida
quien ve el semblante de un rey
enojado, aunque esto sea
trueno sin rayo. Un pincel
forma un retrato real
que en el lienzo o la pared
da temor con ser pintado.

Rey   Enrique, ¿por qué teméis?
Enojos que finge amor
no tienen rostro cruel.
Antes pienso que este enojo
ejecutar no podré
porque amor no ha de dejarme
fingiros aborrecer.
Un volcán que encierra fuego
en su rústica preñez
apenas consiente nube
en sus sombras. Alma en quien
vive amor mal disimula.

Enrique   Alegre el cuello pondré
a tu enojo verdadero
por darte un breve placer,
cuanto y más por darte un reino.

Rey   Y reino que de ambos es.
Hora es que vengan a audiencia
ya los títulos, Marqués,
ensayad vuestra tristeza;
que yo me voy a aprender
palabras con vos airadas.
Pienso que no las sabré.

(Vase el Rey.)

Enrique   Ni la verdad las enseñe.
                        Corazón, no hay qué temer.
                        Animo, que no es de veras,
                        sed leal en esto. Sed,
                        fingiendo agora tristeza,
                        agradecido a mi Rey.

(Sale César.)   ¡Ah, Fortuna, bien te pintan
                        con el rostro de mujer
                        con un pie sobre una rueda
                        y en el viento el otro pie.
                        Vistes alas, calzas plumas.
                        Todo es volar y correr.
                        Tu palacio está en el mar
                        y el soberbio chapitel
                        besa planetas que son
                        arcos errantes. Tu ser
                        la misma mudanza ha sido.
                        Lo que estable y firme fue
                        no es tuyo, y son los trofeos
                        de tu casa de placer.
                        No testas de incultas fieras,
                        no garras de aves que ven
                        el camino de los vientos,
                        sino cabezas que ayer
                        eran envidia del mundo
                        y hoy dan lástima también.
                        Felice solo aquél
                        que ve con proporción la voz del Rey:
                        ni cerca que la abrase como suele,
                        ni lejos que le olvide o que le hiele.

César   Señor, ¿qué tristeza es ésa?

¿Qué causas hay porque esté
quejándose vueselencia?

Enrique   Vi un relámpago que fue
señal de rayos y truenos
y he sentido estremecer
las columnas de mi dicha.
Hizo señal de romper
sus hielos el mar del norte,
divisan desde el Bauprés
velas contrarias mis hados.
Muévese el viento y en El
tormentas me pronostican.
Enojado al Rey hallé.
Amagos son de mi suerte,
desdichas de mi poder.
Felice solo aquél
que ve con proporción la voz del Rey:
ni cerca que le abrase como suele
ni lejos que lo olvide o que le hiele.

(Salen los Príncipes de Taranto y Salerno.)

Taranto   ¿Oíste, Príncipe?

Salerno   Sí.

Taranto   ¿Has entendido?

Salerno   Muy bien.

Enrique   ¡Ay, de mí! Que siento pasos
de mi desdicha. El Rey es.

(Salen el Rey y Ludovico.)

Rey

iOh, Príncipes, yo agradezco
que a palacio vengáis hoy
cuando justiciero estoy,
....   -ezco.
Cuando al mismo Sol parezco
para amigos y enemigos,
justicia soy. Sed testigos
que en mi peso recto alcanza
mercedes una balanza
y otra balanza castigos.
    Si el gran Trajano mostró
su rectitud en el hijo,
yo por su ejemplo me rijo
y en el que más me agradó
mi rigor ostenta yo
y mi justicia distinta
borra su imagen sucinta
como pintor avisado
que no quiere, al ver que ha errado
que le afrente lo que pinta.
    Enrique ha sido la basa
de mi amor. Servir no supo
y así en mi gracia no cupo.
Salga de ella y de mi casa;
que haciendo justicia pasa
un rey de inmortal a eterno.
Sed, Príncipe de Salerno,
Canciller de aquí adelante,
y vos, Príncipe, Almirante.

Salerno

Quite el nombre tu gobierno
   al de Trajano y de Numa

pues que los dejas atrás.

Taranto   Con esto materia das
               a la lengua y a la pluma.

Rey   El que es ingrato a la espuma
               de las aguas se compara.
               Vos sois Marqués de Pescara;
               César es Marqués del Basto.

Ludovico   Dé el cielo, pues yo no basto,
               gracias a merced tan rara.

Rey   Lengua a su Rey atrevida,
               verificado nos deja
               el cuento de la corneja
               de ajenas plumas vestidas.
               Cada cual la suya pida;
               que ajenas plumas parecen
               las que al dueño desvanecen.
               Ni te alabes, ni presumas.
               Vuelve, corneja, las plumas
               a aquéllos que las merecen.

Enrique   Tus pies beso porque has sido
               con los cuatro liberal.
               Solamente llevo mal
               que des nombre de atrevido
               a quien con tu luz ha sido
               un atento girasol.
               ¿Ingrato fue un español?
               ¿Cuándo un átomo que mueve
               el Sol hermoso se atreve
               contra los rayos del Sol?

42

¿Cuándo arroyo que al mar frío
corre con tantos temores
que tropieza entre las flores
se atreve al poder de un río?
¿Cuándo ruiseñor sombrío
que ama y canta sin sosiego
se atrevió obstinado y ciego
contra el águila suprema
que las alas pardas quema
en las regiones del fuego?
¿Yo te he ofendido jamás?
Dime, gran señor, ¿en qué?

Rey

En secreto lo diré.
Llega acá... Llégate más.

Enrique

Pienso que enojado estás
de veras. ¿Esto es fingir?

Rey

Marqués, ¿qué puedo decir
sino que quiero aprender
semblante de una mujer
para acertar a mentir.
No temáis, Enrique, vos
que si dios el rey se llama,
claro está que el Rey os ama
y amigos somos los dos.
Porque a sus amigos Dios
da trabajos y cuidados;
mas son trabajos pintados.
Mi Job sois, yo a Dios imito
y si los bienes os quito,
yo os los volveré doblados.

Enrique	Los tesoros más supremos son tu gracia y tu favor.
Rey	Mi reino es vuestro.
Enrique	Señor, no merezco esos extremos.
Rey	Enrique, disimulemos.
Enrique	De disculpas, ¿no te agradas?
Rey	Ni ruegues ni persuadas. Vuelve a ser lo que antes eras; que a sus materias primeras vuelven las cosas pasadas. Cuatro títulos di yo que el honor de Enrique fueron. Los tres las gracias me dieron y solo César calló.
César	Al oír que te ofendió un hombre que quise tanto admiréme y con espanto se pasmó mi corazón, y solo la turbación pudo detener el llanto. Dos dudas luchan en mí: hallo, viendo su lealtad que su culpa no es verdad; vuelvo los ojos a ti, hállote recto y así fuerza es que culpado sea, pero, como a Enrique vea

luego de su parte soy
y en tales dudas estoy
que no sé lo que me crea.

Rey   Título del Basto os den.

César   Yo no lo acepto, señor,
porque si Enrique es traidor,
quiero yo pagar también
haberle querido bien,
y si acaso no es culpado
y tú estás mal informado,
tampoco lo he de aceptar
porque le quiero imitar
en ser bueno y desdichado.

Rey   No os quité vuestra riqueza
si os he dejado este amigo.

Enrique   Una sombra soy que sigo
los pasos de tu grandeza.

César   Aquí la Fortuna empieza
sus tragedias.

Rey   No hay rigor
que disimule un amor.

Taranto   Cayó un soberbio.

Salerno   Era ley.

Enrique (Aparte.)   (Fiero enojo es el de un rey;
aún fingido da temor.)

45

Fin de la primera jornada

Jornada segunda

(Salen Julio, Chirimía y don Enrique.)

Enrique   A esta pobre casa, amigos,
se redujo mi grandeza.
Temblando está mi cabeza
de mis fuertes enemigos,
    no de mis culpas. Ya sí
pienso que a ellos mismos hoy
da lástima lo que soy
como envidia lo que fui.
    El agua que inunda el orbe
del piélago se desata
y en golfos de nieve y plata
tantas máquinas se sorbe.
    Baña con curso ligero
montes y valles sombríos
y al fin, al fin hecha ríos,
vuelve a su centro primero.
    Los hombres son de esta suerte:
de polvo y de nada nacen
y así su pompa deshacen
en la desdicha y la muerte.
    Los criados que tenía
y mi casa han ilustrado
como sombras me han dejado
al caer la luz del día.
    Por no poder sustentar
algunos, los despedí,
y otros me dejan a mí
viendo que no han de medrar.
    A los dos se ha reducido
mi familia y aparato.

Julio	Yo, mi señor, aunque ingrato no soy al bien recibido, como el hombre siempre aspira a su bien y conveniencia, te vengo a pedir licencia.
Enrique	Nada me espanta y admira después de mi adversa suerte. Tú eres, Julio, el hombre a quien hice en mi vida más bien.

Julio	La pobreza es civil muerte.
	    El Conde ocupa tu puesto,
	pues sabes que soy fiel
	suplícote que con él
	me acomodes porque en esto
	    sabes, mi señor, que acierto.

Enrique	Bien está. Lo que deseas, Julio, haré; porque me veas hacer bien después de muerto.
(A Chirimía.)	¿Y quién duda que también licencia me pedirás, pues confieso que jamás de mí recibiste bien? Razón al menos tendrías.
Chirimía	Si reparas en los nombres, notarás que no son hombres ingratos los Chirimías. Yo nací de buena gente; desciendo por línea reta de un bajón y una corneta

y un soplador excelente.
   Porque acompañar solía
a escribanos y alguaciles,
neblís de garras sutiles,
me llamaron Chirimía.
   Pero aquesto, en conclusión,
me da grande pesadumbre.
Polvo, ni caldo, ni lumbre
soplé por no ser soplón.
   Y con pocos intereses
te sirvo, dilo tú mismo,
diez años ha que en guarismo
montan ciento y veinte meses,
   pero en cuentas castellanas,
tomando papel y pluma,
lo que te he servido suma
quinientas y diez semanas.
   Y si la cuenta confías
de un zángano entretenido,
te dirá que te he servido
tres mil y seiscientos días.
   Y si todo aquesto ignoras,
te sacará de la duda
la aritmética menuda:
son ochenta y seis mil horas.
   Servirte siempre imagino
como lo he hecho hasta aquí.
Soy español y comí
tu pan y bebí tu vino.
   Yo también seguirte quiero
vivas gordo y mueras flaco,
y no como este bellaco
ingratonazo y grosero.
   Asado estés en dos hornos:

no tengas honra ni fama.
¿Hombre que Julio se llama
qué ha de hacer sino bochornos?

(Sale un Criado.)

Criado   Señor don Enrique, aparte
quiero una palabra.

Enrique   Di.

Criado   Señor don Enrique, aquí
vendrán esta noche a hablarte
  dos Príncipes y el secreto
es de importancia.

Enrique   Esperando
estaré con gusto.

Criado   Cuando
esté en silencio perfeto
  la noche con vigilancia,
han de venir recatados.
Haz retirar los criados.

Enrique   En buena hora. De importancia
  es la cautela.

(Vase el Criado.)

(Aparte.)   (Ya empieza
a obrar mi falsa caída.
¡Cielos, amparad la vida,
el estado y la grandeza

de Alfonso, mi buen señor!)

Chirimía   Ludovico viene.

(Sale Ludovico.)

Enrique   Venga,
porque su amistad detenga
a mi desdicha el rigor.
    ¿Quién en mis males mostrara
pecho magnánimo y rico
sino el magno Ludovico,
nuevo Marqués de Pescara?
    ¿Quién pudiera ser primero
en levantar a un caído
sino aquél que solo ha sido
el amigo verdadero?
    Para que llorar no pueda
me honra el cielo de este modo
porque no me falte todo
pues tal amigo me queda.
    No dije bien; y ante digo
y es decirlo justa ley
que nada me quita el Rey
pues me deja tal amigo.
    ¿Quién duda, señor Marqués,
que te haya dado tristeza
la desdicha y la pobreza
que en aquesta casa ves?
    Pero la Fortuna esquiva
no me tiene de vencer.
Déme más que padecer
como Ludovico viva.

Ludovico	Don Enrique, todo pasa.
	Un día sigue a otro día
	y muy en vano porfía
	la Fortuna. Que esta casa
	reconozca me ha mandado
	el Rey, y en efecto quiero
	ser en servirle el primero.
	Leed este papel cerrado,
	que es suyo.
Enrique	Entrad, mi señor.
Ludovico	Yo la he de reconocer.
Chirimía (Aparte.)	(¿Que esto un amigo ha de hacer?)
Julio (Aparte.)	(Verse un hombre en tanto honor
	hace mudar condición.)
Chirimía (Aparte.)	(¡En criados mal nacidos!)
Enrique	Alma, ser, vida y sentidos
	de mi Rey y vuestros son.
	Entrad a reconocer
	casa que riega mi llanto.
Ludovico	Ved el papel entretanto
	porque habéis de responder.

(Vase Ludovico.)

Enrique	Sello del Rey, yo confieso
	que alegre el alma dispongo.
	Sobre mi cabeza os pongo;

con el alma y boca os beso.

(Lee.)   «No soy Rey si me faltáis,
                        mi Enrique. Sin vos, ¿qué valgo?
                        Si de nuevo sabéis algo
                        me avisad y cómo estáis.
                            Si tenéis amigo fiel
                        voy investigando ya,
                        pero nunca lo será
                        el que lleva este papel.
                            César solicita, amigo,
                        que a mi palacio tornéis.
                        Feliz vos que conocéis
                        al amigo y enemigo.»

                            Trae recado con que escriba.
(Vase Chirimía.)   ¡Oh, gran Rey, cuánto te debo!
                        ¡Nuevo Numa, César nuevo!
                        ¡Siglos tu grandeza viva!

(Dentro.)

Chirimía   Señor, Conde, ¿es alguacil?
                        ¿Qué busca por los rincones?
(Aparte.)   (Ojos tiene porquerones
                        y alma corcheta sutil.)
                            ¿Es ya su curiosidad?
                        Pues, ¿qué mira? No tenemos
                        sino dos grandes extremos
                        de pena y necesidad.
                            Todo el Rey nos lo ha quitado
                        por bellacos y malsines.
(Aparte.)   ¿Qué busca? (Amigos ruines
                        nos trujeron a este estado.)

(Salen Ludovico y Chirimía detrás.)

Ludovico   Tu humor bufonesco y frío
                    no debe extenderse tanto;
                    que se ofende el sacrosanto
                    mandato real.

Chirimía   Conde mío,
                        grave y enojado estás.

Ludovico   Ministros que son severos
                    de los hombres chocarreros
                    no deben gustar jamás.

Enrique   Pídeme el Rey dos papeles
                    y aquí dónde están le aviso.
                    Ya que la Fortuna quiso
                    darme estrellas tan crueles
                       que influyen adversidades,
                    suplico, señor Marqués,
                    a vueselencia, pues es
                    tan amigo de verdades
                       que ampare allá mi virtud
                    tan perseguida.

Ludovico   Sí, haré.
                    Ya al Rey, mi señor, hablé.

Chirimía   Así sea tu salud.

Enrique   Julio servirle desea.
                    Suplícole le reciba
                    en su servicio. Así viva

largos años.

Ludovico   Julio sea
                              mi criado.

Julio   A tal merced
                              dé el alma correspondencia.

Enrique   Los pies beso a vueselencia.

Ludovico   Dios guarde a vuestra merced.

(Vanse Ludovico y Julio.)

Chirimía   ¡Vuesa merced! ¿Vuesa qué?
                              Baje un rayo que le queme.
                              ¡A don Enrique V y M,
                              habiendo sido V y E?
                                  ¿Vueselencia ayer, y hoy
                              vuestra merced?

Enrique   El Marqués
                              sabe muy bien ser cortés.
                              Enrique de Avalos soy
                                  solamente y no me toca
                              agora otra cortesía.
                              Ten paciencia, Chirimía.

Chirimía   Coso a dos cabos mi boca.

Enrique (Aparte.)   (Al Rey he avisado ya
                              la junta que han aplazado
                              esta noche. Bien cerrado
                              va el papel. No le abrirá.)

(Sale César y vase Chirimía.)

    César generoso y rico,
¿venís con otro papel
tan riguroso y cruel
como el Conde Ludovico?
    ¿Venís a llevarme preso
a más estrecho cuidado
ya que por cárcel me han dado
la ciudad?

César   No vengo a eso;
    pues cuando su majestad
tan rigurosos decretos
ejecutar me mandara,
con lágrimas y con ruegos
del Rey al Rey apelara
o me quitara primero
de este corazón la vida,
la cabeza de este cuello.
No soy ministro del Rey.
Solo a visitaros vengo,
con su licencia; que agora
más os amo y más os quiero.
Cuando en el verano alegre
está rico, está soberbio
el árbol con cuya pompa
el Sol padece desprecios;
cuando sus flores compiten
con las estrellas del cielo,
en su verde majestad,
blasón hermoso del tiempo;
cuando en su gallardo fruto

roba el color lisonjero
al topacio y el rubí
rojo y pulido bosquejo;
¿Qué mucho que el pajarillo
que de sus pimpollos tiernos
contra pájaros rapantes
tiene su amparo y sustento
no quiera apartarse de él?
Mas cuando llega el invierno
derribando la hermosura
que abril y mayo le dieron,
y cuando las inclemencias
de las aguas y los vientos
en arrugadas cortezas
le dejan desnudo y feo;
cuando las aves le esquivan
por encogido y por seco
sin ver que otra primavera
galas le dará a su tiempo,
entonces si que se muestra
aquel amor verdadero,
aquel instinto piadoso
y bruto conocimiento
de la viuda tortolilla
que entre las ramas trofeos
en que mostró su poder
el fiero enojo del cierzo
vive triste y muere alegre.
Así yo, cuando los cielos
con sus astros favorables
prosperidad te infundieron
no hice mucho en ser tu amigo.
Si los príncipes del reino
como al Sol los girasoles

a tu voluntad atentos
del aliento de tu boca
pendían, y mi provecho
entre las honras hallaba
de tu amistad, o a lo menos
parecer ambición pudo
lo que era amor. Pero luego
que la Fortuna y los hados
se te mostraron adversos;
y en la noche de tu dicha
cual vanas sombras huyeron
cuando te dejaron todos,
tórtola soy que te muestro,
buscando tus secos ramos,
tu dolor y sentimiento.
Por ti mismo te he querido:
para el amor de mi pecho
lo que fuiste eres agora
y aún eres más, pues teniendo
magnánimo corazón
mereces renombre eterno
de varón constante y fuerte:
un Hércules y un Teseo,
otro Pílades y Orestes,
otro prodigioso ejemplo
en los anales del mundo
de tierna amistad seremos.
Bien sé que al Rey no ofendiste.
En mi mismo pensamiento
reconozco tu lealtad;
que vivifica dos cuerpos
un alma sola, y así,
siendo tú otro yo, bien puedo
decir que traición no hiciste

pues que yo traición no he hecho.
Envidia te ha derribado,
que es rayo, aborto del trueno,
que en lo poderoso y alto
funda su poder violento.
Hoy el Rey, como hombre al fin
sujeto a humanos afectos
pasó su amor a otros polos
como el Sol a otro hemisferio.
Yo, Enrique, pobre no estoy;
hacienda heredada tengo.
Dueño eres de ella, pues eres
alma de su mismo dueño.
Si acaso estás temeroso
del enojado y severo
semblante del Rey, a España
pasarnos los dos podemos.
Corramos una fortuna
Suframos los dos el peso
de la herida que te oprime
girando en fatales vuelcos.
Joyas tengo y dos caballos
que español cristal bebieron
en las orillas de Betis,
uno blanco y el otro negro
que a los del alba parecen.
Huyamos los dos en ellos
a otro clima, a otra región,
a otros mares, a otros reinos,
a otro Rey que reconozca
tus grandes merecimientos,
y a otro Rey que niegue oídos
a envidiosos lisonjeros.

Enrique	Dichosa mi adversidad,
	pues es la piedra en que pruebo
	los quilates de tu amor.
	Con el alma te agradezco
	la generosa intención
	pero no me oprime el miedo,
	la conciencia está segura,
	y espero en Dios que algún tiempo...
(Aparte.)	(Pero, secreto, detente.
	No te atrevas al silencio.)

(Sale Chirimía.)

Chirimía	Aquí ha llegado, señor,
	a la puerta un escudero
	de la Condesa.

Enrique	¿De cuál?

Chirimía	Eso es lo que yo no entiendo.
	«La Condesa, mi señora,
	—me dijo— tiene deseo
	de ver al señor Enrique»,
	y volvió la espalda luego.

Enrique	De Elena debe de ser
	que el enojo de los celos
	serenó con mis desdichas.
	Porcia, como pobre, entiendo
	que mi estado pretendía
	y ya habrá dado a los tiempos
	su esperanza y su cuidado.

César	Si ha sido amor verdadero

el de Elena, con su estado
vivirás rico y contento.

Enrique   Del amor y la amistad
un examen voy haciendo.
Amor, descúbrete agora.
Haz tu valor manifiesto
pues la amistad sacrosanta
su verdad ha descubierto.

(Vanse. Salen Elena e Isabel.)

Isabel   ¿Cómo es posible, mi Elena,
que ya no te comunique,
con las desdichas de Enrique,
el Amor alguna pena?
   ¡Pobre Enrique y alegre estás!
¡Enrique sin su privanza,
Enrique en tanta mudanza,
y tú no lo sientes más!

Elena   Isabel, una verdad
quiero que sepas agora:
ni se rinde, ni enamora
mi soberbia voluntad.
   Nunca supe qué es amor
y aquel fingido cuidado
era una razón de estado
y un designio superior.
   Hablando afecto, no amaba;
mi aumento así pretendía
porque ser mujer quería
del que este reino mandaba.
   Cayó y así te prometo

que mi intención hizo pausa
porque cesando la causa
ha de cesar el efeto.

Isabel   Si aspiras a ser mujer
de privado, Ludovico
es ya generoso y rico
y tu dote viene a ser
   el mejor del reino. Intenta
rendirle a tu voluntad
con estado y majestad.
El mismo Rey hará cuenta
   de ti según lo que veo.
Lo que te he dicho procura.
En riqueza y hermosura
serás el Sol y el trofeo
   de Nápoles.

Elena   Dices bien.
mi gallarda presunción
aconseja al corazón
que lo sienta así también.
   Pero Ludovico tiene
amistad a Enrique, fiel,
e intercediendo por él
pienso que a mi casa viene
   porque me envió un recado
diciéndome que tenía
que hablar conmigo este día
un negocio, y he pensado
   que le pretende casar
conmigo, sin duda alguna
pensando que su fortuna
así se ha de mejorar.

Pero son grandes engaños
si esto Enrique imaginó.
¿Mujer de hombre pobre yo,
Isabela? ¡Malos años!

Isabel   La condesa Porcia viene.

Elena   Como la doy alimentos
                y está pobre, por momentos
                me está pidiendo.

Isabel   Ella tiene,
                conforme a su calidad
                la riqueza y la hermosura.
                Prima es tuya; honrar procura
                tu sangre con tu lealtad.

(Sale Porcia.)

Porcia   Yo he de volverme de priesa.
                La silla espere.

Elena   En buen hora
                vengas, Porcia.

Porcia   Mi señora,
                mi bien, amiga, Condesa,
                  no vengo como solía
                a recibir tus favores;
                que son las penas mayores
                que están en el alma mía.
                  Amor mandó que viniera
                a pedirte, como suelo,
                a pesar de mi desvelo

63

y basta que Amor lo quiera.

Elena

Desdichas, pena, dolor,
lágrimas, desasosiego,
humos son de oculto fuego.
¡Mátenme si no es Amor!

Porcia

　¡Ay, prima! Tú has acertado.
Amor es. De amores lloro;
sino que está quien adoro
muy pobre y necesitado.
　Perdóname mis ternezas
porque son finas verdades.

Elena

Dilas, prima, necedades:
afectos no, ni finezas.
　¡Porcia ha de amar obligando!
¿Sangre de un rey procedida
ha de comprar ser querida?
Dime, prima, dime: ¿cuándo
　has visto ilustre mujer
con ese cuidado vil?
¿De qué romana gentil
se oyó tal? ¿Tú has de querer
　hombre pobre, siendo tales
sus partes que amor te sobre?
Pobre tú y tu amante pobre,
¿no es juntar dos hospitales?
　Amor que forzosamente
por fin tiene el casamiento
no debe ser tan violento,
tan necio y tan imprudente.
　Tu hermosura y calidad
fuerza es que causen cuidados

64

a príncipes con estados,
con riqueza y majestad.
    Rica soy, estado tengo,
pero más rico ha de ser
quien me quiera por mujer.

Porcia   Incapaz, Elena, vengo
            de consejo. Tú me das
        dos mil ducados de renta;
        que tu mano me alimenta.
        Dame una joya no más.
            No quiero más alimentos.
        No quiero más que me des
        como ostente amor al que es
        alma de mis pensamientos.

Elena   A tanta resolución
        yo no tengo otra respuesta,
        Porcia amiga, sino ésta.
        Estas dos sortijas son
            giros y esferas del día
        y esta joya es relevante.
        En ella brilla un diamante
        que al mismo Sol desafía.
            Cuatro mil escudos valen.
        Por ellas te los darán.
        Luces son que enjugarán
        perlas que del alba salen.
            Toma, prima.

Porcia   Yo he de ser
        tu esclava y en serla gano.

Elena   ¿Qué tienes en esa mano?

65

(Tiene una banda.)

Porcia   Diéronme una nueva ayer
                   de pesadumbre. Tenía
                un cuchillo que fue rayo.
                Siguió al pesar un desmayo.
                Caí, cortéme y había
                   de escribir hoy un papel
                acerca de mi cuidado
                y no podré. Trae recado
                y escribirásle, Isabel.

Elena   Yo seré tu secretaria
                y aprenderé por si amare
                alguna vez.

Porcia   Quien hallare
                esa quietud necesaria
                   al vivir, no quiera bien.
                No inquiete, no, su memoria
                pues se pierde en esta historia
                el alma y vida también.

Elena   Nota, prima, que en tu estilo
                darás a mi pensamiento
                o doctrina o escarmiento.

Porcia   ¡Felice ignorancia!

Elena   Dilo,
                   de veras.

Porcia   Escribe, pues.

Elena	Ve diciendo.
Porcia	«Sabe el cielo, mi señor...»

(Salen Ludovico y Julio.)

Ludovico	Nada recelo; que cierta mi dicha es si alcanzo lo que pretendo. Con Elena me está bien desposarme.
Julio	A ella también.
Ludovico	Reparo que está escribiendo.
Elena	«Si es tu afición verdadera, bien la encareces así.»
Isabel	Señora, el Conde está aquí.
Elena (Aparte.)	(¡Y cómo si no estuviera si viene a lo que imagino!)

(A Elena.)

Isabel	Dile a boca o por papel como le quieres a él.
Elena	Sin duda me determino.
Porcia	A solas sabrás mejor

si te quiere. Doy lugar.

Ludovico   Si he venido yo a estorbar
volveréme.

Porcia   No, señor.

(Vase y llévase el papel escrito.)

Ludovico   Señora, sin tu licencia
hasta donde está me he entrado.,

Elena   Venir puede, confiado,
a su casa, vueselencia.

Ludovico   Señora, mi amor os digo
sin retóricos rodeos;
que no pueden mis deseos
con un tan grande enemigo
reposar. En conclusión,
puesto que el alma os adora,
alcance el Conde, señora,
lo que Enrique quiere.

Elena   Son
inútiles pensamientos
porque os digo que elegí
otro vos por dueño, y si
entendéis bien mis intentos,
no os obligue el amistad
a hacer contra vos; y digo
que es bien que mire el amigo
primero su utilidad.
Atrévome a aconsejaros

por quereros bien, y en esto
no puede un amor honesto
más claramente mostraros
  su intención.

Ludovico (Aparte.)   (¡La obligación
de la amistad me ha acordado!)

Elena   Habiéndome declarado,
triste estáis. ¿Por qué razón?

Ludovico   Porque decís, mi señora,
que vos con Enrique estáis
en esa opinión.

Elena   No vais
bien, porque mi pecho adora...
  el que digo... y me holgara
que así de vos lo supiese.

Ludovico   ¿Y no queréis que me pese?

Elena   No, si estimáis la fe mía.

Isabel   Enrique ha entrado.

Elena (Aparte.)   (Esperando
la respuesta estaba.)
            Adiós,
por no estar entre los dos
adorando y despreciando.
  Conde, ya os dije mi pena.
Perdonad mi atrevimiento
y haced este casamiento

(Sale Enrique.)

porque os sirva siempre Elena.
    Enrique, el Conde os dará
respuesta a vuestra intención;
que, pues me vio el corazón,
lo que en él pasa os dirá.

(Vase Elena.)

Ludovico

    Podré decir que no eres
desdichado en todo, pues
tuya la Condesa es.

Enrique

    ¡Oh, blasón de las mujeres!

Ludovico

    Con gran fe, con gran prudencia
te está amando.

Enrique

            ¿Quién podía
darme nuevas de alegría
que no fuese vueselencia?

Ludovico (Aparte.)

    (Corrido estoy y afrentado;
que conserve Elena amor
a un hombre medio traidor
y que a mí me ha despreciado.

Enrique

    Irle tengo acompañando
si gusta.

Ludovico

        ¿No he de gustar?

(Vanse los dos.)

Chirimía

¡Que se deje acompañar

70

Ludovico! Estoy rabiando.
Sí, ¡vive Dios!

Julio   ¿No me ves,
que he de ir delante?

Chirimía   ¿Esto pasa?

Julio   ¿Cómo va de hambre en casa?

Chirimía   Yo te lo diré después.

Julio   Tente.

Chirimía   Julio, si hasta aquí
Chirimía me llamé,
Mayo me llamo.

Julio   ¿Por qué?

Chirimía   Por ir delante de ti.

(Vanse los dos, Chirimía delante, y salen Porcia y Celio escudero.)

Porcia   ¡Ce, Chirimía! ¡Ah, criado
de Enrique! Fuése y no oyó.
Tras el Conde va, y entró
aquí. ¿Si me habrá buscado?
    Que es tanto lo que le quiero
en desearle servir
que luego tiene de ir
a buscarle un escudero.
    Tome, Celio, vaya presto
tras Enrique y dale a él

estas joyas y papel.

(Dale una caja.)

Celio   ¡Mátenme si amor no es esto!

(Vanse y salen Chirimía y Enrique.)

Chirimía   A oscuras nos deja Febo.
                           ¿Quieres luz?

Enrique   Sí, tráela apriesa.

Chirimía   Luz te traeré portuguesa.

Enrique   ¿De qué suerte?

Chirimía   Vendrá en sebo.
                              Ya la que labró de abeja,
                           blanca cera entre miel pura,
                           en ti se ha vuelto gordura
                           de un chivato o de una oveja.
                              Esta Fortunilla vil
                           a sebo nos trae de cera.
                           Plega al cielo que no quiera
                           bajar de sebo a candil.
                              Y aun según es la Fortuna
                           aun de eso podrá quitar,
                           pues que nos vendrá a dejar
                           a los rayos de la Luna.

Enrique   Naturaleza los da
                           para ausencia de los días.

Chirimía   Son excelentes bujías
                  para lechuzas.

(Sale Celio.)

Celio   ¿Está
                  don Enrique en casa?

Chirimía   Sí.

Celio   Entro, pues. Tus manos besa
                  mi señora la Condesa
                  y esto envía para ti.

(Vase.)

Chirimía   Caja y papel con respeto
                  besándolo te dejó
                  y las espaldas volvió.
                  No vi azogue tan inquieto.
                     El de hoy es, y se va
                  sin decirnos qué Condesa
                  aunque tantas te dan presa.

Enrique   El papel nos lo dirá.

Chirimía   Voy por luz humilde y baja
                  antípoda de la miel,
                  no para ver el papel
                  sino para abrir la caja.

(Vase.)

Enrique   Finezas serán de Elena

que hoy con discreto cuidado
en su amor disimulado
rebozó tan bien la pena.

(Sale Chirimía con luz.)

Chirimía   Lo que da mujer es viento.
                Tesoros de duende son.
                No se nos vuelva carbón.
                Abre la caja con tiento.

Enrique   Veré el papel.

Chirimía   ¡Pesia tal!
                Abre la caja. ¿Qué lees?
                ¡En tu vida brujulees
                las nuevas del bien o el mal!

(Lee.)

Enrique   «Sabe el cielo, mi señor,
                las lágrimas y la pena...»
                Letra es ésta de mi Elena.
                ¡Oh, qué finezas de amor!
                «...que me ha costado el rigor,
                con que la Fortuna fiera
                trata fe tan verdadera,
                que no tiene culpa, no,
                hombre que tal mereció
                que yo le estime y le quiera.
                    Esas joyuelas te envío
                que son humildes trofeos
                de mis gigantes deseos.
                Recíbelas, dueño mío;

que yo en el tiempo confío
que al discurrir y volar
tu dicha ha de mejorar
por bien diferentes modos.
Y cuando te falten todos,
yo no te puedo faltar».

Chirimía   ¿Firmó?

Enrique   Cuando viene a ser
de una persona querida,
la letra tan conocida,
la firma no es menester.
¡Oh, soberana mujer!
Tú serás de aquí adelante
blasón que la fama cante.
Poetas, los que decís
que es vario animal, mentís.
Veis aquí mujer constante.
    Si en estado lastimoso
hay mujer que no me niega,
callad vos, Elena griega,
pues hay Paris más dichoso.

Chirimía   Abre ya; que no reposo
hasta ver la rica alhaja
que a Muza envió Daraja.

Enrique   Más estima un alma fiel
las finezas del papel
que las joyas de la caja.

Chirimía   ¡Por Dios, que brillan!

Enrique	Yo vi
	en su pecho aquesta joya,
	las veces que, como Troya,
	a su misma luz ardí.

Chirimía	Son diamantes finos.

Enrique	Sí.
	No digas locuras ya
	aunque en las piedras no está
	la fineza o la riqueza.

Chirimía	Pues, ¿dónde está?

Enrique	En la fineza
	de la mujer que las da.

(Llaman dentro.)

Chirimía	Cierra la caja; que creo
	que vuelven por ella.

Enrique	Vete
	a dormir.

Chirimía	¿De qué clarete
	me ves borracho?

Enrique	Deseo
	quedar solo; que peleo
	con mis tristezas a solas.

Chirimía	Voy a arrojar a las olas
	del sueño que es mar profundo.

(Vase.)

Enrique	Aquí empieza a ver el mundo las cautelas españolas. Ya está abierto. Entre quién es.

(Sale el Rey embozado.)

Rey	¿Estáis solo?
Enrique	Solo estoy. ¿Quién es?
Rey	Vuestro amigo soy. ¿No me conocéis, Marqués?
Enrique	Arrojaréme a tus pies lleno de gozo y espanto, viendo que es a favor tanto incapaz el alma mía como a celeste armonía, como a milagroso encanto.
Rey	Alza, amigo.
Enrique	No te espante si no te obedezco y digo que es decir: «Levanta, amigo», decir que no me levante; porque ese nombre gigante no me ajusta. Hormiga fui.
Rey	Levanta, Enrique.

Enrique	Eso sí.
Rey	Eres vasallo leal.
Enrique	Ese nombre es celestial y es, gran señor, para mí...
Rey	Avisásteme que tienes junta esta noche en tu casa y quiero ver lo que pasa escondido en ella.
Enrique	Vienes a asegurar en tus sienes la corona merecida. Vienes a darme la vida.
Rey	Vengo, a lo menos, a verte; que ésa es la causa más fuerte, Enrique de mi venida. ¿Cómo estás?
Enrique	Como sin mí, sin ti en esta ausencia corta; mas si mi ausencia te importa y te dejo a ti por ti, bueno estoy estando así.
Rey	Yo, Enrique, como he tenido sin ti el amor escondido entre aparentes enojos, vengo a exhalar por los ojos el contento reprimido.

                 ¿Examinaste la fe
de alguna dama?

Enrique   Supuesto
que es amor casto y honesto,
sin vergüenza lo diré.
Sí, señor.

Rey   ¿Y quién fue?

Enrique   La condesa Elena.

Rey   Enrique,
cuando el reino pacifique,
con ella te casarás.

Enrique   Siglos del Fénix y más
el cielo te comunique.
    Esconde aquí tu valor;
que a la puerta siento gente.

Rey   La primera vez que siente
este pecho algún temor
es ésta.

Enrique   ¿Por qué, señor?

Rey   Porque recelo perder
este reino y no poder
hacerte bien.

Enrique   Si perdida
fuere antes de eso mi vida,
no te queda qué temer.

(Esconde el Rey, salen embozados Taranto y Salerno, y Ludovico se quede arrimado y embozado.)

Taranto   ¿Podemos entrar? ¿Están
recogidos los criados?

Enrique   Sí, señores embozados.
seguramente podrán
entrar.

Salerno   ¡Y nos maravillas
viéndote alegre y constante!

Enrique   ¡Oh, Canciller! ¡Oh, Almirante!
Vueselencias tomen sillas.
Yo príncipes he esperado
mas no tan grandes. ¿Quién es
el embozado?

Taranto   Después
hablará; que es un criado.
¿Posible es que a tal fortuna
Enrique de Avalos venga,
y que rostro alegre tenga
hombre que pisó la Luna?
¿Estos desprecios padece,
y alegre sufre esta injuria?
¿Cómo no crece la furia
al mismo modo que crece
la adversidad? Esta casa
y esta luz agravios son
de un magnánimo varón.
De la injusticia que pasa

son testigos.

Salerno
Don Enrique,
a consolarte y a verte
venimos, para ofrecerte,
sin que el día lo publique,
    nuestras haciendas y vidas
y consentir no queremos
que lleguen a tales extremos
fortunas no merecidas.

Enrique
    Príncipes, alegre estoy,
aunque otra dicha no espero,
las veces que considero
que en nada culpado soy.

Taranto
    ¡Esa es mayor injusticia!
¡Ese es el mayor agravio!
El castigo sufre el sabio
mas no sufre la malicia.
    Don Enrique, hablemos claro.
¿Queréis dar a vuestro honor,
con un estado mejor,
honra, nobleza y reparo?
    Y pues {vos} sois tan discreto
y venido a tal miseria,
para hablar de esta materia
no hay que encargaros secreto.

Enrique
    La Naturaleza es tal
que a los brutos enseñó
a querer su bien, y yo
alma tengo racional,
    y he de apetecer lo mismo.

Salir con ansias deseo
del estado en que me veo;
mas hay en medio un abismo,
de grandes dificultades.

Taranto
Ese es próvido temor,
pues no aventuras honor.
Si a aquesto te persuades
con un impulso eficaz,
y los hombres de esta tierra
hijos somos de la guerra,
¿para qué queremos paz?
Nuestro ánimo el mundo vea.
De estado nos mejoramos
si los tres el reino damos
a Carlos que lo desea.
De este gallardo francés
firmas en blanco tenemos,
y en su nombre te ofrecemos
porque tu ayuda nos des,
un estado poderoso
en este reino.

Enrique
Yo aceto
esa merced y prometo
de concurrir animoso
a esta acción, y certifico
que imposibles venceré.

Ludovico
Agora sí que podré
descubrirme.

Enrique
¡Es Ludovico!

Ludovico	No esperé menos jamás de tu corazón fiel.
Rey (Aparte.)	(Ni yo esperé menos de él. Prosigue. Descubre más.)
Enrique	¿Qué es lo primero que está trazado?
Salerno	Juntar conviene nuestra gente y la que tiene nuestro primo, y él vendrá en dando al francés aviso.
Enrique	¿Y qué capitán valiente ha de gobernar la gente?
Ludovico	¿Quién si no tú? Pues que quiso la militar disciplina aprender reglas de ti.
Enrique	Acepto el cargo.
Rey (Aparte.)	(Y así no temeré la ruina de mi reino.)
Enrique	¿Por qué parte se ha de comenzar la guerra?
Salerno	Por Calabria, que es la tierra mas sujeta al son de Marte.
Enrique	Pues, dadme una firma de ésas

del francés, dos veces franco,
porque pueda yo en lo blanco
asegurar sus promesas.

Taranto   Bien has advertido, Alabo
tu sagaz prudencia ya.
Toma un papel en que va
firma de Carlos Octavo.

Enrique   Famoso Rey, a quien puedo
decir que oyéndome estás
pues con una firma das
mercedes, horror y miedo,
    mi Rey eres, y protesto
que aunque aventure mi honor,
que me tengan por traidor,
te obedezco y sirvo en esto.
    Oyeme, Rey liberal,
si aquí alcanza tu poder,
yo te prometo de ser
eternamente leal.
    Este cargo que he aceptado,
en servicio tuyo fue
porque mi lealtad y fe
ningún vasallo ha igualado.
    Recibe, Rey, mi deseo
pues puedo decir que aquí
estás si me escuchas.

Rey (Aparte.)   (Sí,
ya lo he entendido y lo creo.)

Ludovico   Ya que a la ayuda del Rey
prometes poner efeto,

de esta verdad el secreto
debes guardar.

Enrique   Esa es ley
      de todos los conjurados;
yo la estimo y reverencio:
al secreto y al silencio
estemos juramentados.
    Y así por la ley sagrada
que adora y sigue el cristiano
por el cielo soberano
y por la cruz de esta espada
    juro y digo que este intento
de mi boca no sabrán
sino solo los que están
oyendo mi juramento.
    Juro por Dios trino y uno
so pena de que esta espada
en mi sangre esté manchada,
de no tratar con ninguno,
    fuera de aquellos que estamos
presentes, nuestra intención
y aquesta conjuración.

Ludovico   Todos así lo juramos.

Taranto   Quédese para otro día
la sesión en este estado;
que ya pienso que ha llorado
sus perlas el alba fría
    e importa que no nos vean
para que no se publique.

Ludovico   Bien dice. Adiós, don Enrique.

Enrique (Aparte.)	Como mis ojos desean suceda todo. (¿Quién vio tal conflicto, tal contraste?)

(Vanse todos y sale el Rey.)

Rey	¿Por qué no les preguntaste que habiéndoles hecho yo tantas mercedes, por qué ánimo traen malicioso?
Enrique	Por no hacerme sospechoso; que ya lo consideré. Y pues mi lengua atrevida, al parecer y opinión de estos tres, hizo traición, quítame, señor, la vida.
Rey	¿Qué dices, Enrique? Calla, porque el Rey más singular la vida puede quitar pero no puede alargalla. Solo a Dios se reservó y yo quisiera tener trocado aqueste poder en ti solo, porque yo el poder de Dios quisiera para darte vida tal que pareciera inmortal ya que infinita no fuera.
Enrique	A tu amor no correspondo sin que los brazos me des.

Rey

Mas gente siento, Marqués.
Otra vez aquí me escondo.

(Escóndese y sale César.)

César

No vengo como solía
en tu amistad confiado,
porque soy tan desdichado
que ese bien que yo tenía
ya me ha faltado, y así
pues tanta desdicha tengo
a que me des muerte vengo
para vengarme de ti.
Tu amigo fui, y ¡vive Dios!,
que con tirana impiedad
si ha de borrar la amistad
con la sangre de los dos.

Enrique

César, ¿qué traes?

César

Un dolor
a los infiernos igual.
De día te hallé leal;
de noche te hallo traidor.
¿Qué he de tener si esto pasa
para más desdicha mía?
Estas joyas te traía
cuando salir de tu casa
hombres embozados vi.
Dióme cuidado el suceso.
Temí tu daño y por eso
a los dos reconocí.
El de Taranto y Salerno

87

eran éstos y yo sé
que esta visita no fue
de piedad y de amor tierno.

    ¡A estas horas y estos dos
de quien con causa sospecho
que traen veneno en el pecho
contra mi Rey! ¡Vive Dios!

    ¡Que no es visita de amigo!
Indicios y amagos son
de alguna conjuración
que se ha tratado contigo.

    Y siendo de aquesta suerte,
muera el uno si reñimos,
porque nos digan que fuimos
amigos hasta le muerte.

    Que no es razón que vivamos:
tú, porque traidor has sido,
ni yo, porque te he tenido
por leal. Solos estamos.

    Mete mano. Haz lo que digo;
que dirán contra mi honor
que Enrique ha sido traidor
y que César fue su amigo.

    Si acaso me dieres muerte,
con estas joyas podrás
escaparte y me darás
vida así para no verte

    cometer traición alguna;
y si te matare yo,
tu delito te mató
que no tu adversa fortuna.

    Acábese con la muerte
amistad tan engañada.

Enrique	Detén, amigo, la espada.

César

No soy tu amigo, y advierte
  que estados puede quitar
el Rey con razón o furia,
pero no es aquesta injuria
de quien se debe vengar
  el vasallo, porque el Rey
es un dios, aunque pequeño.
De nuestras vidas es dueño.
Su gusto es su misma ley.
  No te engañen ni aconsejen
con máscara de venganza
a hacer alguna mudanza
y en el peligro te dejen.
  Mira qué has hecho y, ¡por Dios!,
que es Él que vida ha de darnos,
o que habemos de matarnos
o has de jurar que estos dos
  en tu casa no han de entrar
otra vez.

Enrique

    Yo, César, juro
que tu honor está seguro
y que te debes fiar
  de mi amistad.

César

       Ni te creo;
ni te abono.

(Sale el Rey.)

Rey

    Yo le fío.

César	¡Válgame Dios, señor mío! ¿Cómo en esta casa os veo?
Rey	Porque quiero que los tres hagamos estrechos lazos de amistad. Dadme esos brazos.
César	Dame tú, señor, los pies.
Rey	Mi parte quiero tener entre dos amigos tales.
César	Diles vasallos leales.
Rey	César, silencio.
César	He de ser un Argos que calla y vela. Ya alenté y cobré la vida. ¡Vive Dios, que es su caída cautela contra cautela!

Fin de la segunda jornada

Jornada tercera

(Salen César y Enrique.)

César
     Amigo, ¿no me dirás
    cómo el Rey, si está enojado,
    en tu misma casa ha entrado?

Enrique
    César, después lo sabrás.

César
     El que ser amigo quiere,
    para acertar bien a sello,
    no ha de saber más de aquello
    que su amigo le dijere.
     Ya no lo quiero saber
    y bástame averiguar
    que en gracia vienes a estar
    del Rey. Pero, ¿qué mujer
     hallaste firme?

Enrique
         En Elena
    he descubierto más fe
    y aunque a Porcia me incliné,
    libre estoy de aquella pena
     porque soy agradecido.

César
    De esa manera bien puedo
    decir, Enrique, sin miedo
    que amante de Porcia he sido.

Enrique
     ¿Eso has callado hasta aquí?
    Especie fue de traición;
    que una amorosa pasión
    me hayas ocultado así.

Sírvele, César, agora;
que ella y Elena son damas
de la Reina. Un ángel amas.
Cuerdo es aquél que la adora.
    Y, ojalá yo la quisiera
con el extremo mayor
que vio en sus penas Amor
porque en dejártela hiciera
    algo por ti; que dejando
amante mujer tan bella,
te diera el alma con ella
y así te estuviera amando
    de dos maneras quien te ama
y te da con voluntad
dos almas en la amistad
y dos vidas en la dama.

César   Acepto esa cortesía.
             De Porcia me he de llamar.

Enrique   No puedo en palacio entrar
             en público, y dar querría
                a Elena aqueste papel;
             mas César se lo dará
             que es otro yo. Abierto va;
             que a portador tan fiel
                se debe esta confianza.

César   ¿Cuál es?

Enrique   Éste. Toma, amigo.

César   En mi pecho irá conmigo,
             por ser tú su semejanza,

tan recatado el papel
que mis mismos ojos sean
los primeros que no vean
lo que llevo escrito en él.

Enrique   De tu mente es un conceto
pues lo ha sido de la mía.
El Rey a llamarme envía
y he de entrar con gran secreto.

(Vase Enrique.)

César   Ojos, finezas os deban
los que Enrique siempre ha hecho.
Ni a mis ojos, ni a mi pecho
preguntéis qué es lo que llevan.
    Vos, Porcia, que a este palacio
dais columnas de arrebol
como en la casa del Sol
las columnas de topacio,
    óyente penas y quejas.
Comenzaré por serviros
a penetrar con suspiros
los caminos y las rejas.

(Salen los Príncipes de Salerno y Taranto.)

Salerno   Príncipe, de aquí adelante
con más cuidado y frecuencia
se debe hacer asistencia
aquí en palacio.

Taranto   El diamante
se rinde al diestro buril,

piélagos abrevia el arte,
un risco se ablanda y parte
a las lluvias del abril,
 pero escucha; que el Rey sale.

(Sale el Rey.)

Rey ¡Oh, mis parientes y amigos!

Taranto Vasallos dirás, testigos
del premio inmenso que vale
 tu favor.

Rey (Aparte.) (Disimulemos,
sentimiento natural.
Vidrieras de cristal
son los ojos en que vemos
 la más oculta pasión.
Reprimamos los enojos
y disimulen los ojos
lo que siente el corazón.)
 ¿Cómo estáis? Porque os deseo
salud y prosperidad.

Taranto ¿Es que ve tu majestad
mis acciones?

Rey Sí, las veo.

Salerno ¿Y es que mi amor ha sabido
tu majestad?

Rey Sí, lo sé.

Taranto	Nadie nos iguala en fe ni amor.
Rey	Así lo he entendido.

(Sale Ludovico.)

Ludovico	Dame a besar esa mano que un siglo ha que no te veo y tanto verte deseo como mi Rey soberano.
Rey (Aparte.)	(¡Oh, ambiciosa diligencia, nube opuesta a la justicia! ¡Que te enseñe la malicia tan lisonjera elocuencia!)
Salerno	Siempre los tres procuramos el valor de tus renombres.
Rey (Aparte.)	(¡Que haya en el mundo estos hombres!)
Ludovico	Lo que los tres deseamos te suceda.
Rey (Aparte.)	(No permita mi fortuna tal suceso.) Y vosotros antes de eso tengáis lo que os solicita mi cuidado.
Ludovico	¿Qué nación tuvo Rey tan excelente?

Rey	(¡Oh, lisonjero valiente!
	¡Oh, villana adulación!)
	    Y vos que estáis escuchando,
	yo no permito testigos
	cuando estoy con mis amigos
	discurriendo y conversando.
	    Salid fuera.

César (Aparte.)	(¿Qué es aquesto?
	¡Anoche tan grande amor
	y agora tanto rigor!
	¿Desvanecida tan presto
	    ha quedado mi esperanza?
	Que caiga lo levantado
	no es mucho, pues ha trepado
	a riesgos de la mudanza,
	    pero al escalón primero
	volver atrás de improviso
	o es desdicha o es aviso
	que no es bien subir. Yo quiero
	    escarmentar animoso,
	no poniéndome delante.
	No entiendo al Rey el semblante.
	O es mudable o cauteloso.)

(Vase César.)	
Rey (Aparte.)	(César se fue sin saber que es un enigma mi amor, un esfinge mi temor y mi rostro una mujer. Aborrezco lo que estimo y quiero lo que aborrezco; al mismo engaño parezco.)

Marqués de Pescara, primo,
  hay detrás de esos canceles
de pintadas celosías,
donde suelo algunos días
sentarme yo a ver papeles,
  breve suma y relación
de memoriales me haréis.
Sobre el bufete hallaréis
los papeles.

(Vase Ludovico.)

Taranto   No es razón,
                 cuando ocupado te veo
                 que estemos aquí los dos.

Rey   Bien decís, y guárdeos Dios
                 con el premio que os deseo.

(Vanse los dos príncipes y habla dentro Ludovico.)

Ludovico   Para ver si algo mandares
                 los papeles voy mirando.

Rey   Aquí estoy paseando.
                 Pregunta si algo dudares.

Ludovico   Un memorial está aquí
                 que el Duque de Amalfi dio.
                 ¿Quieres escucharle?

Rey   No.

Ludovico   ¿Has visto el de Capua?

Rey	Sí.
(Aparte.)	(La puerta del camarín
	siento abrir. Enrique ha sido
	que a mi llamada ha venido
	por la puerta del jardín.
	Y el Marqués por el cancel
	le ha de ver y aun ya le ha visto.
	Mal pensará si resisto
	de hablar agora con él.
	Aviséle que esperaba
	y el secreto se revela.
	Aquí importa la cautela.)
(Sale Enrique.)	Esperando, Enrique, estaba
	y con más razón y enojos
	para reñirte prevengo
	los sentimientos que tengo
	en el alma y en los ojos.
	¿Cada día voy sabiendo
	nuevas culpas contra ti?
	Pero yo me culpo a mí...
Enrique	Mira, señor, que no entiendo...
Rey	Calla, bárbaro, no doy
	a tus disculpas oído.
	Necio, que no has entendido
	la cólera con que estoy.
	¿Cómo quieres responder
	si apenas el alma explico?
(Aparte.)	(¡Qué atento está Ludovico!
	Aun señas no puedo hacer.)
Enrique (Aparte.)	(Nadie nos ve. ¿Estando a solas

	me trata el Rey de esta suerte?

Rey	Español, ingrato, advierte
	que tus traiciones son olas
	del mar movidas del viento;
	que unas mueren y otras nacen.
	Torre que los hombres hacen
	sobre fácil fundamento
	polvo será en breves días.

Enrique	¡Señor!...

Rey	Calla.

Enrique	Dime...

Rey	Baste.
	Muchas cosas me ocultaste
	que decírmelas debías.

Enrique	Mira, señor que esa injuria...

Rey (Aparte.)	(Si responde, se declara.)
	Calla, bárbaro. ¿En mi cara
	no está leyendo mi furia?

Enrique (Aparte.)	(¡Vive Dios!, que esto es de veras.
	¿Ingrato yo? ¿Yo infiel?
	¡Qué desdichado es aquél
	que subió trepando esferas
	para ver su perdición!
	¡Oh, mil veces soberano
	el estado que es mediano
	sin soberbia ni ambición!)

Rey (Aparte.)   (Enrique no me ha entendido.
                       De verme airado se admira
                       y Ludovico nos mira.
                       El secreto va perdido
                           si acaso se desengaña.)
                       En castigo de tu yerro
                       de Nápoles te destierro.
                       Luego has de partirte a España.

Enrique   No quiero hablar disculpando
                       mi inocencia y mi verdad;
                       solo de tu majestad
                       quiero despedirme hablando...

Rey   Ni aun eso quiero que digas.
                       Despídete con los ojos
                       que tu lengua me da enojos.

Enrique   A tal silencio me obligas
                           que mudo seré desde hoy.

Rey (Aparte.)   (Siento el verle padecer.)
                       Ludovico, pasa a ver
                       cómo está la Reina.

(Sale Ludovico.)

Ludovico   Voy.
(Aparte.)   (Si Enrique va desterrado,
                       con más prisa y más secreto
                       de las flores del Sebeto
                       será el francés coronado.)

(Vase Ludovico.)

Enrique   ¿Ludovico estaba aquí?
                              Ya voy respirando. ¡Cielos!
                              Volcanes y Mongibelos
                              me oprimían.

Rey   ¿Fuése?

Enrique   Sí.

Rey   ¿Es posible que no viste
                              escondido a ese infiel
                              detrás de aqueste cancel?
                              ¡Vive Dios, que me ofendiste
                                  creyendo así mis enojos!
                              Agraviaste mi lealtad
                              pues no viste la verdad
                              disimulada en mis ojos.

Enrique   Deja que pueda alentar
                              la voz; que mi sentimiento
                              reprimió tanto mi aliento
                              que no podré respirar
                                si no llega al corazón
                              poco a poco el desengaño,
                              templado el susto y el daño
                              que causó la aprehensión.

Rey   Siempre que muestre contigo
                              tal enojo, considera
                              que soy tu Rey por de fuera
                              y que dentro soy tu amigo.

(Ludovico llega a la puerta.)

Si dentro en mi pecho estás
llave es mi amor con que abras.
No mires, no, mis palabras.
El alma has de ver no más.
    Quise que no respondieras
porque no te declararas.
Mejor era que callaras
y que culpado te hicieras.

Enrique   Culpa ni aun fingida es buena.

Rey   Sí, cuando importa, y yo sé
que entonces luce la fe.

Enrique   Bien ha menester la pena
    que me diste, ese favor
y dulce correspondencia
y aún están en competencia
cuál de los dos es mayor.
    Y la pena digo yo;
que el que lejos de ti está,
sin tu favor vivirá,
pero en tu desgracia, no.

Rey   Mientras que tú no estés preso,
nunca mis enojos creas
por más airado que veas
mi semblante.

Enrique   Tus pies beso.

Ludovico (Aparte.)   (¡Oigan, oigan lo que pasa!

Cautela fue su caída.
¡Vive Dios, que está mi vida
peligrosa en esta casa!
    ¡Ay, esfinges! Él revela
toda la culpa que tengo;
mas no será si prevengo
cautela contra cautela.)

(Vase Ludovico.)

Enrique   Voy a ver lo que pretende.

Rey   Consuela a César y adiós.

Enrique   De ti pendemos los dos.

Rey   De ti mi reino depende.

Enrique   Tú nos honras.

Rey   Tú me amparas.

Enrique   Fortuna, ¿de esta manera
das picones? No quisiera
que alguna vez te enojaras.

(Vanse y salen César y Elena.)

César   ¿Cómo en palacio se ha hallado,
señora, vueseñoría?

Elena   Con más gusto cada día
porque la Reina me ha honrado.

103

César	Ya sabe que a la amistad se deben aras y templo, porque es símbolo y ejemplo de la fe y de la lealtad. Con sus alientos me atrevo a darle aqueste papel. Débeme secretos él y yo respectos le debo por la ley de quien fui sus letras ha venerado, y con no venir cerrado trae candados para mí.
Elena	¿De quién es?
César	Ese fue error. ¿De quién ha de ser me di, siendo el papel para ti y siendo yo el portador?
Elena	De don Enrique será.
César	¿Hay otro que esto merezca?
Elena	¿Querrá que le favorezca con el Rey.
César	Favor querrá solo de tu amor honesto.
Elena (Aparte.)	(¡Qué engañada pretensión! En dudas y confusión aqueste papel me ha puesto. «Carlos Rey de Francia» escribe

y no otra cosa, y confirma
o que hay traición esta firma
o que engaños apercibe...
  o que es error.) ¿Has sabido
qué traes aquí?

César   No, señora,
no lo sé. Ya os dije agora
que a la amistad es debido
    este respeto.

Elena   Darás
a su dueño este papel.
Enigmas vienen en él.
Di que se declare más
  y advierta que su lealtad
está ya tan peligrosa
que a mí me tiene dudosa
la sospecha y la verdad,
  y que los vasallos buenos
solo en gracia se mantienen
de sus reyes y no tienen
firmas de reyes ajenos.

(Vase Elena.)

César   ¡Vive Dios, que yo también
estoy dudoso y suspenso!
Luchando está lo que pienso
con lo que mis ojos ven.
  Pienso que Enrique es leal.
Del francés la firma veo,
y así ni a los ojos creo
ni al pensamiento; que mal

viven hombres avisados,
sin astucia recatada.
¡Aun en comedias me enfada
ver dos papeles trocados!

(Sale Chirimía.)

Chirimía	Señor César, ¿ha venido a palacio mi señor?
César (Aparte.)	(Entre dudas y temor traigo perplejo el sentido.)
Chirimía	Señor César, por su vida que me diga dónde está.
César (Aparte.)	(¡Válgame Dios! ¿Qué será?)
Chirimía	Señor César.
César (Aparte.)	(Divertida siento el alma, el pecho inquieto.)
Chirimía	¡Señor César!
César (Aparte.)	(Quiero ver a Enrique para saber este encanto, este secreto.)
Chirimía	¡Señor César! ¡Qué cruel está! Pues ya se me acoge. ¡Seor César! Aunque se enoje... ¡Señor César! Voy tras él.

(Vanse y salen Ludovico y Julio y luego los dos príncipes.)

Ludovico   ¿A qué ha entrado aqueste loco?

Julio   El caso sabrás después.

Taranto   Llamado nos han, Marqués,
                  de tu parte.

Ludovico   Escucha un poco.
                  Enrique nos es traidor.
                  Con el Rey ha declarado
                  lo que tenemos tratado
                  y peligra nuestro honor.
                    No hay duda.

Taranto   Pues declaremos
                  los ánimos arrogantes,
                  y declarémonos antes,
                  pues ese peligro vemos.

Ludovico   No es tiempo y viene gran daño
                  a los nuestros.

Salerno   ¿Qué dispones?

Ludovico   A una traición, dos traiciones.
                  Dos engaños a un engaño.

(Sale el Rey.)

Rey   ¡Oh, mis parientes y amigos!

Ludovico   Más bien lo dirás agora

en sabiendo nuestros pechos.
Señor, anoche a la hora
que tú viste que salimos
de palacio, como propias
personas tuyas y espías
de tu frente y tu corona,
como tus deudos y amigos,
con astucia cautelosa,
en casa de don Enrique
fuimos porque se conozca
nuestra lealtad y por ver
si en desgracia tuya osa
declararse contra ti.
Dijimos que las personas
de los tres y las haciendas
queríamos poner todas
por dar este reino a Carlos,
y Enrique, que la ponzoña
que tenía contra ti
encubrir no pudo. Otorga
el ser general y alzar
las banderas venidoras
en favor del Rey de Francia
contra tu real corona.
Mira, señor, por tu reino.

Rey   ¿Eso pasa?

Taranto   ¡Y más agora!
Nos dijo que era fingida
su caída y cautelosa
porque quieres de esta suerte
con esta industria ingeniosa
conocer tus enemigos.

Rey (Aparte.)	(Si fuese verdad...)
Salerno	Conozcan nuestro amor cuantos vasallos humanos reyes adoran. Él trata de dar a Carlos este reino y esta hermosa ciudad que de luz serena el rayo del Sol corona.
Rey	Yo os agradezco el aviso. Dejadme solo.
(Vanse.)	¿Qué sombras son éstas que a la amistad turban la luz generosa? Estos tres han sospechado que sé su intento y abonan de este modo su traición. Mas, saber que es cautelosa mi mudanza y la caída de Enrique parecen cosas de que han violado el secreto los candados de su boca. Pero también pueden ser malicias de éstos; que propias son las sospechas al hombre. Solo Dios, como no ignora los humanos corazones, es inmutable en sus cosas.
(Sale Elena.)	
Elena	Aviso a tu majestad...

Rey	¿Qué dices, Elena hermosa?
Elena	...que don Enrique se escribe con el Rey de Francia. Importa que sepa tu majestad si hay por qué se correspondan sin ofender su lealtad, pero yo no lo sé. Sola esta verdad aseguro, y si de César te informas sabrás la verdad del caso.
Rey	Hágate el cielo dichosa como noble, bella y leal.
Elena	A quien soy lo debo.

(Vase Elena.)

Rey	Rompan los silencios de mi amor las voces más rigurosas que dio monarca en el mundo. Si la dama que le adora, si la dama que le estima acusa a Enrique, ¿es impropia su culpa? Indicios son fuertes que la verdad acrisolan; pero no he de sospechar de su lealtad generosa. Apelo de Elena a César, de su dama a su amigo. ¡Hola!

(Sale un Criado.)

Criado   ¿Señor?

Rey   Mirad si está César
(Aparte.)   en la antecámara. (¿Todas
            las amistades humanas
            han de ser tan sospechosas?)

(Sale César.)

César   ¿Qué me mandas?

Rey   Dime, César,
         atendiendo a que me importa,
         si Enrique se comunica
         con el Rey Carlos.

César (Aparte.)   (Perdona
         amistad, porque más debo
         a mi Rey.) ¿Señor?

Rey   No pongas
         temor ni duda en la lengua.
         La voz desata animosa.

César   Señor, sí. Yo tengo...

Rey   Calla.
         Basta ese «sí» para que oiga
         mis quejas el mismo cielo
         y la sangre se recoja
         desamparando las venas
         al corazón cuando roban

sentimientos naturales
su actividad y transforman
en fuego su hielo. Vete,
que un desengaño es ponzoña
y basta la que en dos letras
me diste a beber agora.

(Vase César.) Otra vez pienso dudar.
Haga finezas preciosas
el amor que a Enrique tengo.
Apelo otra vez. ¿Hay otra
apelación donde pueda
aliviarse la memoria?
De la dama y del amigo,
si en los votos se conforman,
¿a quién se puede apelar?
Apelo a él mismo. Su boca
será el último testigo.
Si él no lo confiesa, ponga
la envidia mil acechanzas
que mil serán mentirosas.
Esta puerta he de juntar
y quedar con él a solas;
que en mi camarín le tengo.
¡Oh, cómo está temorosa
el alma! Amistad, ¿qué es esto?
¿Ajenas culpas me cortan?
¿Delitos de otro me hielan?
Enrique.

(Sale Enrique.)

Enrique   ¿Señor?

Rey   Conozcan

los cielos que nos alumbran
que eres quien rompes y cortas
los lazos del amistad
y yo no. Tú me provocas
a la cólera mayor
que dio a tigres ni a leonas
heridas naturaleza.
Y así con mis manos propias
quisiera tomar venganza.

Enrique (Aparte.)   (Sin duda que hay quien nos oiga
otra vez; pues finge el Rey
que se ofende y que se enoja.)

Rey   ¿Con Carlos te comunicas
sin avisarme las cosas
que tratas con él? ¿Tú escribes
a mis contrarios.

Enrique   (¿Agora
no he de errar cual la otra vez
disculpándome; que importa
fingir este enojo bien?)
Confieso, señor, que tornas
a enojarte justamente.
Carlos me escribió.

Rey   ¿Quién osa
confesar así sus culpas
que a morir no se disponga
Mira, ingrato, que me debes
que hasta oírlo de tu boca
el crédito suspendí,
y aún está el alma dudosa

si acaso «sí» me dijiste.

Enrique   Señor, señor, ¿no hay persona
           ninguna tras el cancel?

Rey   Hay malicias cautelosas
           tras el cancel de tu pecho
           y eso basta. ¿Tú blasonas
           de agradecido español?

Enrique   ¡Solos estamos y todas
           las puertas están cerradas!
           No finjas más; que me roban
           los temores el aliento.

Rey   De veras hablo. No pongas
           intervalos a mi enojo
           y mi cólera interrompas.

Enrique   ¡Válgame Dios! ¿En qué parte
           pueden escucharnos? Sola
           está la cuadra y apenas
           hay quien distinga y conozca
           si lo que finge es de veras.
           Aun el alma que no ignora
           que es ficción está temiendo.

Rey   No disimules, pues tocan
           tus traiciones en los rayos
           de mi luz majestuosa.
           ¡Ah, Capitán de mi guarda,
           prended a Enrique!

Enrique (Aparte.)   (Quien loca

llamó a la Fortuna, dijo
la verdad.) Si me aprisionas,
señas son que tú me has dado
para que en ti reconozca
que tu enojo es verdadero.
¿Qué mucho en la parda concha
engendre perlas el alba
y cuando el Sol se trasmonta
mengüe su cándido humor
que aún no llegó a ser aljófar?
El Sol alienta los campos,
los jazmines y las rosas
rasgan las verdes camisas,
y a su luz sacan las hojas;
huye el Sol de este hemisferio,
caduca deja su pompa,
todo pasa de esta suerte.
Tú eres Sol; fui flor hermosa.
Escondísteme tus rayos;
perdí el verdor a tu sombra.

(Sale el Capitán.)

Capitán   ¿Qué mandas?

(Sale Porcia.)

Rey   Ya estoy remiso.

Porcia (Aparte.)   (Animo, segunda Porcia,
que en las batallas de amor
no te dan brasas que comas.)
Señor, a pedirte vengo,
atrevida si piadosa,

que justifiques las culpas
de don Enrique y conozcas
que no es bien que tú te enojes
sin mirar que la paloma
al aire blanca parece
aunque sea negra toda.
El agua clara en un vidrio
turbio a nuestro ser la tornan
los rayos del Sol hermoso;
en las cristalinas ondas
corvos parecen los remos;
muchos espejos nos borran.
Si en las cosas claras vemos
que hay engaño, en las dudosas
¿qué será, Rey poderoso?
Natural intercesora
mi piedad será esta vez.

Rey   Sí, será, Condesa hermosa.
(Aparte.)   (¡La que le quiere le acusa!
                             ¡La que no le quiere aboga
                             por Enrique! Aquí hay engaño.)
                             Bien está, gallarda Porcia.

Porcia   Vivas más que vive el Fénix
                             inmortal en sus aromas.
(Aparte.)   (Y viva Enrique también
                             que me mira y me enamora.)

(Vase Porcia.)

Rey   Salte fuera y llama a César.

(Sale el Capitán.)

Enrique (Aparte.)	(Porcia con vista amorosa me miró. Todo se trueca.)
Rey	Ven acá. Dime qué cosas tratas con el Rey de Francia.
Enrique	¿Yo? Ninguna.
Rey	¿Cómo agora dijiste que te escribía?
Enrique	Porque imaginé que a solas no estábamos e importaba fingirme culpado. Sola una firma vi del Rey que en tu presencia dichosa me dio el Príncipe de Taranto.
Rey	Dame acá esa firma.
Enrique	Toma; que para lo que mandares te la he guardado hasta agora.
(Lee.)	
Rey	«Como has entrado en palacio no he podido, mi señora, responder como debía a tu papel y a tus joyas...»
Enrique	¡Válgame Dios! El papel sin atención ni memoria

troqué con uno de Elena.

Rey (Aparte.)   (La verdad aliento cobra.)
¿Quién a Elena le llevó?

Enrique   César.

(Sale César.)

César   ¿Qué mandas?

Rey (Aparte.)   (Gozosa
siento el alma.) ¿Qué papel
diste a Elena?

César   Sospechosa
hizo mi fe aquesta firma.

(Dale al Rey el papel.)

Rey   Quien no apura ni acrisola
la verdad errores hace.
Enrique amigo, perdona.
No dudé de tu lealtad
pero me turbaron sombras
de aparentes culpas. Mueran
los Príncipes que alborotan
mis estados.

Enrique   Mira bien;
que si los cuellos les cortas,
sus parientes y vasallos
tomarán armas traidoras.

Rey	Yo tengo para matarlos una cautela injuriosa. Publíquese que en mi gracia estás.
Enrique	Dame por esposa a Elena, y bien se publica.
Rey	Pues, prevén luego tus bodas.
Enrique	Y las de César, señor, si das licencia, con Porcia.
Rey	Si ella gusta, enhorabuena.
César	¡Vivas edades dichosas!

(Vanse los dos.)

Rey	Ellos mismo han de ser los que muerte rigurosa se han de dar; que de esta suerte aseguro mi corona. ¡Príncipe!

(Sale Taranto.)

Taranto	Señor, ¿qué mandas?
Rey	A mí, Príncipe, me importa que la muerte deis a Enrique sin que ninguno os conozca. En este papel va el orden que habéis de guardar.

Taranto   Mil Troyas
                     abrasará mi obediencia,
                     mil capitolios de Roma.
                     Dice el papel:

(Lee.)   «Iréis, Príncipe, amigo,
                     con máscara a la usanza de estos días
                     a la Plaza del Olmo y en las Ninfas
                     que una fuente en su espacio cristal vierte,
                     donde hallaréis a Enrique que esperándome
                     estará para ver unos festines.
                     Un lienzo sacará. Sacad vos otro
                     y muerte le daréis sin que os conozca.
                     Llevad gente en resguardo y romped éste.»

                     Yo voy a prevenir lo necesario
                     y los deudos y amigos que tuviere
                     a prevenirlos y vestirme y todo.
                     ¡Viven los cielos, español perjuro,
                     que de mis manos no estarás seguro!

(Vase Taranto.)

Rey   ¡Ah, Príncipe de Salerno!

(Sale el de Salerno.)

Salerno   ¿Gran señor?

Rey   Este orden toma
                     y a Enrique darás la muerte
                     como ahí va escrito.

Salerno	Ponga
	leyes en mí tu grandeza
	que guardadas serán todas.

Rey	Riguroso ni tirano
	me llame el mundo, pues obran
	la equidad y la justicia
	tal vez, cautelas heroicas.

(Vase el Rey, y lee el de Salerno.)

Salerno	«Con máscara, pues son carnestolendas,
	esperaréis a Enrique que pensando
	que yo soy, en la fuente de las Ninfas
	que en la Plaza del Olmo cristal vierte
	un lienzo sacará. Haced vos lo mismo.
	Llevad vuestros amigos y parientes
	por si quisiere defenderse Enrique.
	Hacedlo con secreto y romped éste.»

	Agora este español que nos revela
	el secreto jurado verá el pago
	que merece un traidor. Voy a vestirme.
	¡Viven los cielos, español villano,
	que hoy habéis de morir por esta mano!

(Vase y salen Elena y Porcia.)

Elena	Porcia, si de mí te fías
	y conoces mi afición,
	dime cuál es la ocasión
	de tantas melancolías.
	Vienen días, pasan días,
	y tú tan triste, ¿qué es esto?

Porcia	En este estado me ha puesto
	un amoroso rigor.
	Prima, la muerte es menor.
	Enrique el alma ha dispuesto
	de esta suerte.
Elena	¡Ay, prima mía!
	¡Qué necios son tus amores!
	Sin duda de esos errores
	nació tu melancolía.
	En dos modos desconfía
	de ese amor.
Porcia	¿Y cuáles son?
Elena	Que no te tiene afición
	y que es pobre.
Porcia	Lo primero
	a ser, prima, verdadero
	aumentará mi pasión.
Elena	Es tan verdad que me quiere.
	Es tan verdad que desea
	ser mi esposo. ¡No lo sea,
	plega a Dios!
Porcia	Y si lo fuere
	y mi desdicha lo viere,
	viva en su dichoso estado
	alegre y enamorado
	más que el Sol girando cielos.

Elena	¡Bendiciones y no celos! ¡Gran fineza!
Porcia	¡Y gran cuidado!

(Sale el Rey.)

Rey	Condesas, felicemente solas y juntas os veo, cuando casaros deseo con un varón eminente; que lo quiero justamente, a Elena su gusto sigo y a ti, Porcia, con su amigo.
Elena (Aparte.)	(¡Ludovico es, pues que dice que le quiero!) Soy felice, tuya soy.
Porcia	Lo mismo digo.

(Salen Ludovico y Julio.)

Ludovico (Aparte.)	(Dame, Amor, atrevimiento; que por ti la más hermosa ocasión y más honrosa que hay en todo el mundo intento.) Un gallardo casamiento codicio. Humilde te pido me hagas felice marido del dueño mío que fue señal de amor y de fe.
Rey	¿Quién es?

Ludovico   Doña Elena ha sido.

(Sale Chirimía.)

Chirimía   Señor, señor, si te mueve
                                 a piedad una tragedia
                                 de un desdichado juicio.
                                 bien es que lástima tengas.
                                 Don Enrique, mi señor,
                                 con el dolor y la pena
                                 de verse en desgracia tuya
                                 está loco y de manera
                                 que ha dado en decir muy grave
                                 a los amigos que encuentra:
                                 «Bien está. Dadme después
                                 memoriales.» No hay quien crea
                                 que ya pobre y desdichado
                                 nuevo papel representa
                                 de privado en este mundo.
                                 Danos, gran señor, licencia
                                 que nos volvamos a España
                                 que, mudando aires y tierra
                                 sanará de esta locura,
                                 y porque veas que es cierta
                                 su locura como digo
                                 vesle aquí, en palacio se entra.

(Sale Enrique hablando hacia dentro.)

Enrique   Al Rey, mi señor, diré
                                 vuestros méritos.

Chirimía   ¡Oh, pesia

la madre que me parió!
Deja esas locuras necias.

Enrique   Dame, gran señor, tu mano.

Rey   Ven, amigo, enhorabuena.

Chirimía (Aparte.)   (El Rey le sigue el humor.)

Porcia   ¿Hay desdichas como éstas?

Enrique   En feliz hora vendré,
                 señor, si me das a Elena.

Elena   ¡No me faltaba otra cosa!
                 ¿Hay locura como aquélla?

(Sale César.)

César   Escucha, señor, un caso,
                 el más funesto.

Rey   ¿Qué hay, César?

César   Los dos Príncipes, amigos,
                 a quien por dueños veneran
                 Taranto y Salerno, agora
                 con máscaras y libreas
                 como en Nápoles se usa
                 porque son carnestolendas,
                 una batalla se han dado
                 quedando muertos en ella
                 muchos parientes y amigos
                 de ambas partes, sin que sepa

nadie la causa.

Rey
                    ¿Y los dos?

César
Con más heridas que César
en el senado murieron.

Rey
Los que vivieren se prendan
para saber la ocasión
y entre tragedias como éstas,
prosiga, Elena, sus bodas.

Enrique
    ¡Vivas edades eternas!

Rey
Paso, Enrique, no sois vos
el dueño que ella desea.

Enrique
    Pues, ¿quién, señor?

Rey
                  Ludovico.

Elena
De Ludovico y Elena
son las bodas que el Rey dice.

Enrique
    Pues, ¿cómo, ingrata, estas letras
y diamantes no publican
tu mudanza? Di.

Porcia
               Las piedras
han de confesar mi amor.

Enrique
    Este papel, ¿no es de Elena?

Elena
La letra sí, las razones

son de Porcia.

Enrique   Pues, ¿no era
esta joya tuya?

Elena   Sí;
mas dísela a Porcia.

Porcia   Sepan
que fueron finezas mías.
Publíquese. No me pesa.

Enrique   ¿Qué haré, César?

César   Ser de Porcia
infinitos años.

Rey   Sea
Almirante y Canciller,
Enrique, y luego le vuelva
el título de Marqués
Ludovico. El mundo entienda
que he asegurado mi reino
y que bien le quiero. ¡Prendan
a Ludovico!

Ludovico   ¡Señor!
¿Por qué a mí?

Rey   Porque no quieras
dar a Carlos mi corona.

Elena   Engañada fui.

Rey

                 No seas
interesada ambiciosa.

Chirimía

Luego, no ha sido de veras
su caída. ¡Julio, amigo,
venguéme! Esta vez te cuelgan.

Enrique

 Prospere el cielo tu vida
gran Alfonso, y aquí tenga
fin la historia que se llama
cautela contra cautela.

Fin de la comedia

Libros a la carta

A la carta es un servicio especializado para
empresas,
librerías,
bibliotecas,
editoriales
y centros de enseñanza;
y permite confeccionar libros que, por su formato y concepción, sirven a los propósitos más específicos de estas instituciones.

Las empresas nos encargan ediciones personalizadas para marketing editorial o para regalos institucionales. Y los interesados solicitan, a título personal, ediciones antiguas, o no disponibles en el mercado; y las acompañan con notas y comentarios críticos.

Las ediciones tienen como apoyo un libro de estilo con todo tipo de referencias sobre los criterios de tratamiento tipográfico aplicados a nuestros libros que puede ser consultado en Linkgua-ediciones.com.

Linkgua edita por encargo diferentes versiones de una misma obra con distintos tratamientos ortotipográficos (actualizaciones de carácter divulgativo de un clásico, o versiones estrictamente fieles a la edición original de referencia).

Este servicio de ediciones a la carta le permitirá, si usted se dedica a la enseñanza, tener una forma de hacer pública su interpretación de un texto y, sobre una versión digitalizada «base», usted podrá introducir interpretaciones del texto fuente. Es un tópico que los profesores denuncien en clase los desmanes de una edición, o vayan comentando errores de interpretación de un texto y esta es una solución útil a esa necesidad del mundo académico.

Asimismo publicamos de manera sistemática, en un mismo catálogo, tesis doctorales y actas de congresos académicos, que son distribuidas a través de nuestra Web.

El servicio de «libros a la carta» funciona de dos formas.

1. Tenemos un fondo de libros digitalizados que usted puede personalizar en tiradas de al menos cinco ejemplares. Estas personalizaciones pueden ser de todo tipo: añadir notas de clase para uso de un grupo de estudiantes,

introducir logos corporativos para uso con fines de marketing empresarial, etc. etc.

2. Buscamos libros descatalogados de otras editoriales y los reeditamos en tiradas cortas a petición de un cliente.

www.ingramcontent.com/pod-product-compliance
Lightning Source LLC
Chambersburg PA
CBHW021930040426
42448CB00008B/1002